本书得到国家自然科学基金项目"中国企业走出去的动[力]环境的视角"（项目编号71663033）、教育部人文社[会]制度质量与FDI的经济效应研究"（项目编号14YJC79[0]

U0618316

经济管理学术文库·经济类

转型时期FDI对中国产业发展的影响研究

——基于制度环境的视角

Research on the Impact of FDI on China's Industry
Development in Transformation Period
—A Perspective Based on the Institutional Environment

聂爱云／著

经济管理出版社

ECONOMY & MANAGEMENT PUBLISHING HOUSE

图书在版编目（CIP）数据

转型时期FDI对中国产业发展的影响研究——基于制度环境的视角/聂爱云著.—北京：
经济管理出版社，2018.7

ISBN 978 - 7 - 5096 - 5888 - 8

Ⅰ. ①转⋯　Ⅱ. ①聂⋯　Ⅲ. ①外商直接投资—影响—产业发展—研究—中国　Ⅳ. ①F121. 25
②F426. 2

中国版本图书馆CIP数据核字（2018）第161128号

组稿编辑：张巧梅
责任编辑：张巧梅
责任印制：司东翔
责任校对：王淑卿

出版发行：经济管理出版社
　　　　　（北京市海淀区北蜂窝8号中雅大厦A座11层　100038）
网　　　址：www. E - mp. com. cn
电　　　话：（010）51915602
印　　　刷：北京玺诚印务有限公司
经　　　销：新华书店
开　　　本：710mm × 1000mm/16
印　　　张：9. 5
字　　　数：156千字
版　　　次：2018年9月第1版　　2018年9月第1次印刷
书　　　号：ISBN 978 - 7 - 5096 - 5888 - 8
定　　　价：68. 00元

前　言

中国经济长期持续的高速发展已经成为经济增长史上的一个奇迹，探寻中国经济增长的背后的源泉与机制成为经济学家共同关注的热点。而且，中国经济高速增长的背后是长期大规模的 FDI 流入。因此，了解 FDI 对产业发展的经济效应及其发生机制对于理解中国经济增长和进一步推动持续增长是至关重要的。已有众多 FDI 与经济增长的文献较少考虑到东道国的制度环境对 FDI 增长效应的影响，因而难以避免地得到不同甚至是相互冲突的结论。本书从制度环境这一重要视角出发，从理论和实证两个层面分析了制度环境对 FDI 特征进而对 FDI（在产业层面）经济效应的影响机制和效应。首先，我们通过文献梳理和统计分析研究了中国制度约束特点，制度环境如何影响流入中国的 FDI 的类型和特征等事实。其次，分析了制度环境影响 FDI 特征进而影响 FDI 在产业层面的经济绩效的理论机制。最后，从产业结构调整和产业增长效应两个方面对制度环境下的 FDI 经济效应进行了实证研究。其中，从空间经济学和制度约束视角，采用中国省级面板数据研究了 FDI 对产业结构调整的影响效应；另外，采用系统 GMM 方法，利用中国省级层面的面板数据研究了制度环境对 FDI 产业增长效应的影响。本书主要得到如下结论：

（1）FDI 在各国的经济绩效差别很大，外商直接投资促进东道国增长是有条件的。FDI 促进东道国增长所赖以发挥的溢出机制、技术带动机制等是需要东道国具备一定的人力资源和金融市场效率等的门槛。更为重要的是，FDI 通过上述机制促进经济增长具有一定的制度门槛，制度环境对于 FDI 的经济效应具有关键作用，东道国和地区的制度质量是影响其 FDI 经济绩效的重要因素。

（2）中国存在的制度约束突出表现为：金融体制不健全、地区市场分割、政府激励制度偏差以及法律与产权保护制度不健全。在转轨时期，国内经济制度环境以及 FDI 政策的演进对流入中国的 FDI 产生了重要影响。这些根植于中国经济内部的制度约束对于转型时期中国的 FDI 流入特征具有非常深刻的影响，导致大量流入中国的 FDI 具有明显的非典型特征。对于中国的 FDI 而言，国内的经济制度约束在很大程度上影响着 FDI 的进入模式与类型、结构。总体而言，由于制度约束的存在，流入中国的 FDI 表现出：流入规模过大、项目整体偏小、集中于第二产业、集中于劳动密集型部门与中低技术密集型部门等特征。

（3）我们从中国特殊的制度环境出发，从制度约束视角系统梳理了制度对 FDI 流入原因、流入规模、类型等的具体影响，提出了 FDI 研究的环境—战略—行为—绩效（ESCP）分析框架。制度约束下的 FDI（企业）普遍缺乏关联效应、正面溢出效应受到"制度门槛"抑制、容易产生收入漏出等，总体上不利于产业增长与产业内部的高级化进程，也不利于产业升级调整与发展方式转变。严重的外资依赖抑制了国内企业创新，FDI 正面溢出效应大大削弱，负面溢出效应凸显。具体而言，收入漏出效应导致产业收缩，结构固化效应则导致第二产业内部结构长期锁定于中低端。制度对于引进外资非常重要，除了技术门槛，FDI 正面溢出效应的产生还具有一定的"制度门槛"。当然，FDI 大量流入对中国经济增长和产业结构调整发挥了较大的积极作用，但这种作用是在中国存在严重制度约束的条件下产生的，其成本高昂；同时，应该重新审视高昂成本产生的机制及其对提高引资质量与提升利用外资效率的影响，在新时期引资政策中应以改善制度环境为依托提出相应的治理措施。

（4）基于空间经济学，从制度约束视角，通过系统梳理中国特殊制度背景下 FDI 对产业结构调整的影响机制，并选取 1985～2004 年省际面板数据对二者关系进行实证检验。估计结果显示 FDI 占 GDP 比重增加有利于提高第三产业在经济中的比重、降低第二产业在经济中的比重；总体上有利于产业结构调整（有利于降低第二产业比重过大），并且 FDI 的产业结构调整效应呈"倒 U 形"走势。值得指出的是，FDI 对第二产业比重降低的影响是通过收入漏出效应发生的，这非常不利于第二产业本身的高级化进程。FDI 通过其资本供给、溢出效应带来了收入增长、产业扩张效应，推动产业发展、提升产业在经济中的比重。同时，在开放经济条件下以及制度约束下，外资企业垂直关联很少、外溢效益较弱，对 FDI 的过度依赖导致了收入漏出效应，使产业收缩、产业在国民经济中比重趋于下降。FDI 的产业结构调整效应取决于两者的平衡；提升 FDI 对产业结构的优化效应也应从这两方面出发。

（5）制度约束会导致 FDI 的增长效应将大大减少甚至为负；与之相反，如果一个地区的制度质量不断得到改善，将会有效地促进该地区 FDI 的增长效应。普遍性的制度约束直接导致了 FDI 进入中国的超低成本，并进一步导致外资项目规模过小、外资企业出口导向过强、外资集聚于劳动力和资源密集型行业等非典型 FDI 特征。低廉进入成本以及流入中国的 FDI 的非典型特征，大大降低了 FDI 企业与本地企业的垂直关联，形成了收入漏出效应。因此导致 FDI 的溢出效应和增长效应减小甚至为负。与此同时，普遍性的制度约束降低了金融市场效率的同时还阻碍了当地的人力资本积累，大大降低了本地区引入 FDI 高技术的吸收能力，弱化 FDI 的正向溢出效应。在制度约束条件下，会影响资本和其他要素的配置效率，在这种情况下各地区对 FDI 的竞争更加容易引起全局性的配置效率下降，造成效率损失，在一定程度上抵消了 FDI 本身所带来的增长效应。

（6）采用中国各省区 1990～2010 年面板数据和系统 GMM 估计方法对制度环境与 FDI 产业增长效应的理论机制进行了实证检验。实证结果表明，在控制住市场化程度的情况下，FDI 的增长效应不再为正，甚至转变为显著的负效应。这说明东道国（地区）制度环境在 FDI 发挥增长效应过程中具有非常关键的作用，这也可能是诸多未考虑东道国制度环境条件下 FDI 与经济增长文献得出不同结论的根本原因。FDI 对东道国（地区）的产业增长效应是通过当地制度环境改善来实现的，随着地区市场化程度的提高，FDI 在该地区的产业增长效应显著增强。

最后根据理论分析和实证研究结果，从制度环境提升、引进外商直接投资政策两个方面提出了通过改善和优化地区制度环境促进 FDI 经济增长效应的政策建议，以利于更好地形成国内改革与对外开放良性互动的局面。

目　录

第1章 导　论

1.1　选题背景及研究意义

1.1.1　选题背景

增长给人类带来巨大福祉，经济增长因而成为经济学长久不衰的研究热点与核心问题。正如卢卡斯所言：人们一旦开始思考增长问题，就很难再去考虑其他问题（Lucas，1988）。对增长问题的研究又主要聚焦于对增长源泉的讨论，什么是促进经济增长的基本力量？投资、储蓄率、人力资本积累、FDI等要素相继成为研究经济增长源泉的重要因素。与这些可以在生产函数中直接包含的要素不同，制度（因素）随后被诸多主流经济学家纳入增长源泉的分析框架，制度被视为促进地区经济增长的决定性因素（North and Thomas，1973；North，1981，1990；Acemoglu et al.，2001，2004）。特别是对于影响一国经济增长的长期因素，制度起着举足轻重的作用。

自1978年实行市场化改革与对外开放并举的政策以来，中国实现了长达40年的高速经济增长。据世界银行统计，中国20世纪80年代经济增长率为10.1%，20世纪90年代经济增长率为10.7%，进入21世纪后中国经济仍然以平均每年接近10%的速度增长，创造了世界经济史上的增长奇迹。中国经济长期、持续的高速发展已经成为经济增长史上的一个奇迹，探寻中国经济增长背后的源泉与机制成为经济学家共同关注的热点（方颖、赵扬，

2011)。而且，中国在对外开放与经济增长的过程中，表现出的一个非常显著的特征就是 FDI 的大量流入。中国经济增长形成了显著的"外资依赖"特征（张宇，2009），在部分行业还形成对 FDI 的过度依赖。因此，理解中国经济增长故事难以绕开 FDI。另外，由于制度环境的原因，中国的 FDI 具有与制度相依的"非典型特征"，因此，理解 FDI 如何促进中国地区层面的经济增长需要从制度环境入手。

从中国地区层面来看，地区间的竞争促使中国外资具有许多不同于发展中国家的"非典型特征"或者说是"中国特色"，诸如部分行业过度依赖外资、外资项目规模偏小、外资出口倾向严重等。更为重要的是，中国的地区竞争与特殊的官员考核、晋升机制诱发了形形色色的引资竞争，不但直接导致了上述的畸形外资特征，而且同时增加了本地区的债务压力，从而可能对地方经济增长形成较严重的负面影响。类似上述地区间的引资竞争自改革开放之初就有，逐步延续至今，并有愈演愈烈之势，部分地区甚至出现"购买外资"的极端现象。① 与多数发展中国家和地区一样，在中国改革开放初期，如果说由于"资金缺口""技术缺口"这两缺口的存在，使得中国各地区政府为了 FDI 展开竞争可以理解。但是，时至今日，在中国的"资金缺口"已经不存在，FDI 的资本供给效应弱化，同时，"以市场换技术"被实践证明是失败战略的情况下，仍然存在激烈的畸形竞争令人难以理解。这种制度环境下获取的外资是难以取得预期的促进地区经济增长效果的，恶性竞争下引进的 FDI 甚至反而会形成较强的负面效应（王文剑等，2007）。因此，促使我们必须重新审视 FDI 与中国高速增长奇迹之间的关系与机制，并将中国特殊的制度环境纳入到分析框架中来，进一步思考 FDI 产生正面作用的门槛、条件是什么，以及什么样的制度有利于发挥 FDI 的作用。

长期以来，FDI 作为一种集技术、管理和资金于一身的综合体，被视作促进发展中国家和地区经济增长的救命稻草，中国有过之而无不及。然而，"FDI 有利于促进发展中国家（地区）经济增长"这一命题具有普适性吗？研究表明，

---

① 据报道，为了完成引资任务，各地区出现大面积的"购买"假外资的现象，给基层政府带来了沉重的债务负担。详见：王培霖．揭秘地方政府"买外资"产业链［N］．第一财经日报，http：//www.yicai.com/news/2013/08/2971629.html，2013 - 08 - 29.

FDI 对经济增长的作用依赖于发展中国家的发展战略、FDI 发生作用的时间以及发展中国家的吸收能力等条件（Balasubramanyam et al.，1996；Keller，1996；Barrio et al.，2005）。显然，FDI 既不是促进经济增长的必要条件，也不是促进经济增长的充分条件（Alfaro et al.，2004）。实际上，FDI 促进发展中国家技术进步和经济增长是需要一定条件的，这些条件是什么？什么是 FDI 促进经济增长的具体条件和机制？则仍然需要进一步探讨。进一步地，是什么因素影响了 FDI 的溢出效应方向以及东道国对 FDI 的吸收能力，进而导致了 FDI 进入引起的东道国经济增长、产业结构调整与产业发展绩效的差异？对于诸如此类问题的关注和探讨，加上研究制度对贸易与增长联系的文献的不断兴起（Dollar and Karry，2003；Bormann et al.，2006），促使部分研究者开始关注东道国制度质量对外资增长绩效的影响（邵军、徐康宁，2008；赵奇伟，2009）。

近年来，国际上越来越重视从制度变迁和改革措施的视角研究各国经济绩效的影响因素，并为之提供更为丰富的经验证据。尤其是随着制度经济学的不断发展，从制度因素考察各国经济增长与经济绩效已成为学界关注的热点。客观上，中国经济实现长达近 40 年的高速增长得益于自 1978 年以来实行的改革开放政策，这就使得我们在研究中国经济增长问题时，无法回避经济国内体制改革这一重大制度变迁过程对增长绩效的影响。制度是一个相当宽泛的概念，可以包括从产权、法律到文化等很多内容。其中，产权保护是所有制度概念中最能解释经济绩效的关键（North and Thomas，1973；North，1981，1990）。North（1990）认为，制度不仅包括了法律法规以及契约合同这些正规约束，还包括了文化习俗传统规范等非正规约束，而决定经济绩效的不仅包括制度还包括制度的执行和对制度的普遍理解与尊重。事实上，制度对经济增长的推动作用也许不是直接的，而主要是通过明晰产权、建立各方相容的激励结构、降低交易成本、提高要素配置效率等功能来促进其他投入要素的增长效应来实现的。然而，对于诸如"中国的各省区迥异的制度环境对流入中国的 FDI 造成了什么影响，形成了怎样的外资特征和外资方式，如何影响 FDI 的溢出效应，以及由此如何影响到 FDI 的增长绩效"这类问题，我们知道得并不多。因此，本书尝试将 FDI 理论、制度理论与产业发展理论结合起来，观察和理解中国经济增长奇迹背后 FDI 的作用机制与效应，我们主要从产业结构调整与产业增长的视角进行研究。目前，党中央和国务院提出要加快经济结构调整和转型升级步伐，我们的研究有望从 FDI 和产业这两个重要的维度对推进经济结构转型升级提供有益的理论支撑和政策指导。

1.1.2 研究意义

自 20 世纪 90 年代中期以来，中国就一直保持着吸引外资最多的发展中国家的地位。宏观上，从较长一段时期来看，利用国外资本促进国内地区经济增长依然会是一种常态。不过，在未来更长一段时期内，我国利用外资的形式、类型会有所变化。随着中国各地区"资本缺口"的逐渐缩小甚至是消失，外资的资本供给功能将逐步弱化，而通过外资提升整体技术水平、带动国内企业提高国际竞争力以及带动产业结构升级调整等功能将会被更加突出和强化。也就是说，未来一段时期中国利用外资必须注重外资在提高经济增长质量、推动经济结构转型升级中所承担的角色。而要实现这一目标，需要具体理解外资进入中国、作用于中国地区经济增长的具体机制，特别是以往文献所忽略的制度环境对 FDI 增长绩效的影响机制和效应。现有关于 FDI 与中国经济增长的诸多文献中，很少考虑到中国的地区制度演进对 FDI 本身的影响以及对 FDI 增长绩效的影响及其机制。而这恰恰是 FDI 能否发挥促进增长质量提高、产业转型升级作用的关键问题。

本书研究的目的在于探索制度环境对 FDI 本身特征及其增长效应的影响。具体而言，我们研究了：制度对 FDI 类型、特征的影响，制度环境对 FDI 增长效应的影响及其机制。其中，在制度环境对 FDI 增长效应的影响中，我们主要考虑：第一，制度约束下 FDI 的产业结构调整效应；第二，制度环境对 FDI 产业增长效应的影响。FDI 与地区经济增长一直以来都是政府、学术界十分关注的重要问题，因此，本书的研究对推动新时期我国经济结构调整与转型升级具有基础性的理论意义和实践指导价值。

（1）理论意义。厘清制度环境对 FDI 类型、特征的影响以及对 FDI 在产业结构调整和增长效应两个方面的影响机制及其在省际层面的具体效应，在理论和文献层面，有助于拓展和丰富"理解中国经济增长奇迹"和"发展中国家 FDI 理论"这两个文献，深化了我们对 FDI 促进东道国（地区）经济增长的条件和机制的理解。

（2）我们的研究有助于从一个更加新颖的视角观察和理解中国长期以来对引进外资和利用外资的一些争论。从制度环境出发，可以更加清晰地看到历史上中国的外资特征以及利用效果，有助于我们更好地对中国以往利用外资效果进行科学的分析和评价，促使我国在新的发展时期利用外资少走弯路。

（3）我们分别利用中国各省区数据，采用科学的计量方法，实证研究了制度约束下 FDI 对地区产业结构升级调整的影响和制度环境对 FDI 产业增长效应的影响。从制度环境的角度出发，我们得到了丰富的实证结果，这为理解 FDI 在发展中国家的具体经济绩效提供了一个新颖的视角。特别是对于处在转型升级的中国来说，如何通过优化制度（推进国内市场化改革）和优化引资质量的对外开放两个手段的互动来提升经济增长质量、推动经济转型升级具有一定的启发意义。

（4）结合制度环境来探讨 FDI 对产业结构调整和产业增长得到了很多有意思的结论，契合了目前我国政府所推动的经济结构转型升级大趋势。我们的研究有望为中国在新时期通过引进 FDI 促进产业结构调整和产业增长转型提供一些有益的思路，也为经济转型升级提供了来自产业层面的政策启示。同时，根据我们的理论和实证研究结论，还引发出对中国市场化改革以及引进外资两者良性互动的新探讨，讨论了一些可能的改革政策，全书具有一定的政策指导意义。

1.2 研究方法与逻辑框架

1.2.1 研究方法

根据本书的研究内容，我们主要采用了实证研究与规范研究相结合的方法，并坚持理论与经验并重的研究范式。[①] 总体来看，本书主体包括一个主要的理论机制分析和两个主要的实证分析。具体而言，第3章及第4章侧重于运用理论分析方法，采用制度经济理论、FDI 理论等来分析制度环境与 FDI 流入类型和特征之间的关系，同时考察了制度影响 FDI 类型进而影响 FDI 产业结构调整效应和产业增长效应的具体机制和后果。第5章侧重于运用经验分析方法，利用中国各省级面板数据，采用双项固定效应模型以及工具变量（IV）方法定量识别制度约束下 FDI 对产业结构调整的影响。第6章同样侧重于运用经验分析方法，采用差分 GMM（Difference GMM）和系统 GMM（System GMM）估计方法实证检验制度环境对 FDI 产业增长效应的影响。

在此基础上，第7章运用规范研究法，讨论了制度改革应该如何与引进 FDI 进行匹配，以更好地发挥 FDI 促进地区经济增长的作用，并由此引申出一些简要的政策讨论。

1.2.2 本书研究逻辑框架

本书研究框架如图 1 - 1 所示，主要分为现状分析、理论分析和实证研究几个部分。现状分析部分，主要是通过文献阅读、梳理，同时借助统计分析工具，阐述了中国制度环境尤其是制度约束的演变过程和制度约束下流入中国的 FDI 的类型、特征的特殊性等特征事实。理论部分，主要分析了制度环境影响外商至直接投资的具体机制，通过建立 ESCP 分析框架阐述了影响机理。实证研究部分，则利用中国省际面板数据在控制住其他因素影响的前提下，分别研究了制度约束下 FDI 的产业结构调整效应和制度环境对 FDI 产业增长的具体影响效应。最后得出全书的研究结论，并对中国各区域未来促进地区制度改革和引进高质量外资提出了相关政策建议。

---

① 李子奈、潘文卿（2010）认为，实证研究（Positive）与规范研究（Normative）相对，理论分析（Theoretical Analysis）和经验分析（Empirical Analysis）相对；实证研究和规范研究中均可采用理论分析和经验分析方法。

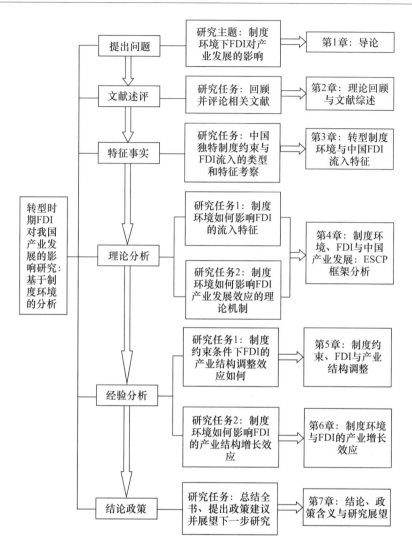

图 1-1 本书研究框架

1.3 全书各章节内容安排

基于以上研究框架，全书一共分为 7 章。

第1章为导论。首先，对中国的制度环境、FDI流入的演变以及新时期经济增长形式和迫切要求进行简要探讨，说明本书的选题背景和选题意义。其次，介绍本书所采用的主要研究方法、主要研究思路和全书的逻辑框架；对全书各章节的内容安排与各章内容进行概要说明。最后，介绍本书可能的创新之处。

第2章对经典FDI理论、FDI区域分布理论、FDI溢出效应、产业发展（产业增长与产业结构调整）相关理论、FDI与产业发展及产业结构调整、制度与FDI理论等文献进行梳理、综述，并简要评述，引出本书研究视角。

第3章梳理中国制度环境变化过程，着重阐述其中的FDI引进政策变化以及与外商直接投资引进和利用相关的制度变迁过程与表现出来的典型特征。考察和分析中国特有的制度约束及其表现形式。进一步考察在中国特殊制度环境背景中，应用统计分析工具，全面分析流入中国的FDI规模、类型和其他方面的特征。尤其注重与其他发展中国家的比较分析和中国内部次区域之间的地区差异分析。

第4章针对经典FDI理论无法完整解释中国经济对外资严重依赖的特征，考虑到中国特殊的制度环境，构建环境—战略—行为—绩效（ESCP）分析框架，考察制度约束下FDI对产业结构与产业增长的具体影响。研究发现，制度约束导致流入中国的FDI具有规模过大、质量偏低、项目类型偏小、行业分散等不同于其他国家的非典型特征。制度约束下FDI普遍缺乏关联效应，正面溢出效应受到抑制，收入漏出与结构锁定效应凸显，不利于产业增长与产业内部的高级化进程。

第5章基于空间经济学，从制度约束的视角对FDI影响产业结构调整的机制进行系统梳理，形成了相应的理论机制。进一步，应用中国省级面板数据，采用双向固定效应模型对FDI与产业结构调整的关系进行实证检验。出于稳健性考虑，参照林毅夫、孙希芳（2008），我们此处采用双向固定效应模型以控制地区效应和时间效应。同时我们慎重考虑了内生性问题，采用工具变量法进行了稳健性检验。

第6章FDI对东道国的增长绩效是有条件的，制度环境就是其中的关键之一。本章从东道国制度环境入手，创新性地将FDI吸收能力理论、溢出理论与制度环境纳入到统一的分析框架内，探讨制度质量对东道国吸收能力、FDI溢出效应的影响，阐明制度质量影响 FDI 产业增长效应的具体机制。采用中国各省区 1990～2010 年面板数据和动态面板 GMM 估计方法进行实证检验与分析。为了有效地控制内生性和潜在的反向因果关系，我们采用了广义矩估计（GMM）方法进行实证检验，并同时报告系统 GMM 和差分 GMM 的结果，分析制度环境对 FDI 产业增长效应的作用。

第 7 章为全书结论与研究展望。对全书各章的主要结论进行概括和总结，根据主要研究结论提出相应的政策建议，简要分析本书研究中存在的不足和未来研究可拓展的方向。

1.4 本书的主要创新之处

本书可能的创新和突破主要体现在如下几个方面：

（1）已有大量文献从制度环境视角研究了制度质量对 FDI 流入（主要是流入规模）的影响（鲁明泓，1997；Noorbakhsh et al. , 2001；Busse and Hefeker，2007；Bénassy - Quéré et al. , 2007；盛丹、王永进，2010；Darby et al. , 2010）。但是，并未很好地回答制度环境是如何影响 FDI 类型、特征及其增长效应的。本书尝试从制度环境入手，探讨转型时期国内制度对 FDI 流入类型、进入方式等特征的影响，因为新近的研究表明 FDI 流入类型、进入方式不同受到不同因素的影响（李善民、李昶，2013），而 FDI 类型和进入方式的不同可能会使得 FDI 在不同地区的增长效应表现迥异（郭熙保、罗知，2009），因此有必要从源头上对此进行观察和分析。另外，我们将制度理论、FDI 理论与产业经济理论有机地融合在一个统一的框架分析了制度对 FDI 产业结构调整、产业增长效应的影响，丰富和发展了传统的 FDI 理论。

（2）鉴于经典的 FDI 理论无法完整解释中国经济的严重外资依赖特征，我们从中国特殊的制度环境出发，详细考察了中国各地区制度约束的特征事实。进而从制度约束视角系统梳理了地区制度环境对 FDI 流入原因、流入规模类型等的具体影响，提出了 FDI 研究的环境—战略—行为—绩效（Environment Strategy Conduction Performance，ESCP）分析框架。进一步，我们考察了制度约束下 FDI 对产业结构的具体影响机制和可能的后果。这从另一个视角丰富了已有的 FDI 文献。

（3）与现有研究不同，我们更加关注制度环境影响 FDI 特征以及增长效应的具体机制及其在一国内部不同地区产业结构调整与产业增长的具体效应。以中国这样的较长一段时期处于市场化改革和对外开放两类政策并举的转型经济体作为研究对象，进行相应的实证研究，提供了一个来自中国省级层面的关于制度改革与 FDI 绩效关系的新的解释，以丰富和拓展已有文献。

第2章 理论回顾与文献综述

20世纪八九十年代以来，随着世界经济全球化以及我国改革开放进程的不断推进，跨国公司在华直接投资活动日益频繁，跨国公司及其活动对我国经济究竟产生怎样的影响，这成为学界、政府最为关心的问题之一。为此，学术界广泛研究并产生了丰富的研究成果。这些研究从不同角度、不同层面探讨了 FDI 对我国经济增长和产业发展所产生的影响，了解现有的理论成果对于我们当前研究具有重要的借鉴意义。本书将主要从产业发展（产业结构调整与产业增长方面）理论与 FDI 相关理论的研究进展进行综述。

2.1 经典 FDI 理论

2.1.1 FDI 及其作用

根据国际货币基金组织（IMF）的定义，FDI 是指"为获得某经济体的一个企业（而不是投资者的企业）的长期管理利益而进行的投资"。在经济合作发展组织（OECD）国家中，外国投资者的股份超过 10% 通常被定义为 FDI。而在中国，当外国投资者的股份达到 25% 及以上时才被定义为 FDI。通常，FDI 是由大型跨国公司通过兼并、收购或绿地投资的方式进行的。

关于外商直接投资及其决定因素与影响，学术界早已进行了广泛研究。一直以来，经济学家普遍认为 FDI 会给东道国带来资本、技术、知识、管理等外溢效应。因而，世界各国政府对 FDI 普遍采取了积极欢迎的态度。然而，实践证明

FDI 是一把双刃剑，既可能对东道国经济产生积极的推动作用，也可能会对东道国市场与企业造成一些负面效应。但总体而言，经济学界的基本共识是：FDI 带给东道国的利益大于其负面作用。然而，对于是什么原因导致了 FDI 经济绩效在不同东道国和地区表现迥异，现有文献涉猎较少。

2.1.2　FDI 流入及其影响因素

关于 FDI 流入，早期理论主要偏向从供给方（即跨国公司）角度来考察。1960 年，美国学者海默（Haymer）首次提出垄断优势理论，指出由于市场的不完全性，跨国公司（MNC）在规模经济、资金、技术、管理等方面具有垄断优势因而进行对外直接投资。这一理论具有重大影响，标志着 FDI 理论成为西方经济学中一支独立的力量，同时为跨国公司对外直接投资提供了重要的理论支持。但该理论存在一个突出的缺陷：无法解释一些并不具备垄断优势的中小企业的对外直接投资行为，尤其是发展中国家企业的对外直接投资行为。随后，1966 年美国学者维农（Vernon）提出产品生命周期理论，进一步解释了 20 世纪五六十年代美国制造业对西欧和发展中国家直接投资的动因和发展规律。在维农等人研究的基础上，美国经济学家阿瑟·刘易斯（Levis）于 20 世纪 70 年代初进一步提出劳动密集型产业结构理论，从比较优势理论出发分析了发达国家向发展中国家转移劳动密集型产业的现象。类似地，日本学者小岛清（Kojima，1978）提出边际产业扩张理论，主张对外直接投资应从投资母国已经处于或趋于比较劣势的产业依次进行，以规避产业劣势进而优化本国产业结构。这些理论为发达国家国际直接投资和国际产业转移提供了一个合理解释，但同时也对"缺口"理论所提出的发展中国家应借助 FDI 的技术、管理溢出来提升本国技术的主张提出了质疑。

在综合各派理论的基础上，1977 年英国经济学家邓宁（Dunning）提出了最具影响力的国际生产折中理论（OLI）。根据邓宁（1977，1981，1988）的这一理论决定跨国公司直接投资的三个基本因素分别是：所有权优势（Ownership Advantage），即企业在资金、技术、管理、规模各方面拥有比东道国企业更多的优势；区位优势（Location Advantage），即东道国具有一定的优势如自然资源丰裕、投资成本低廉、巨大的市场、良好的投资环境等；内部化优势（Internalization

Advantage），即当一个企业拥有所有权优势时，通过跨国投资（FDI）使其优势内部化的能力。跨国投资要比进行市场交易、合同出租等方式更为有利——可以防止竞争者通过模仿、复制的方式将其资产分流。OLI 理论吸收了以往各派理论的长处从而形成兼收并蓄的综合理论，为我们提供了一个分析 FDI 决定因素的便利工具，也成为解释 FDI 区位选择的一个重要理论。但是这一理论也存在一些现实缺陷：一是 OLI 理论将许多变量作为 FDI 流入的决定因素，降低了其作为分析工具的价值；二是并未指明不同变量（如技术优势、规模优势等）的相对重要性。因此，要识别出 FDI 流入决定因素的不同变量的相对重要性，只能通过实证研究方法来判断。

早期经典理论虽偏重从 FDI 供给方（即跨国公司）角度分析 FDI 的原因，但同时也看到了 FDI 需求方（即东道国）自身因素在决定 FDI 流入中的作用。1966年，美国学者钱纳里（Chenery）与 Strout 提出"两缺口"（即储蓄与贸易缺口）理论，认为发展中国家经济发展中通常会出现"储蓄缺口"与"贸易缺口"，引进 FDI 是解决其所面临的"两缺口"难题，实行经济增长的一个重要途径。20世纪 60 年代以来许多发展中国家通过引进外资而获得快速增长的实践为"两缺口"理论提供了有力的经验证据。在此基础上，一些经济学家结合赫尔希曼（Hirschman，1958）的技术缺口理论进一步提出"三缺口"（即储蓄、贸易、技术缺口）理论以及包括税收缺口在内的"四缺口"（即储蓄、贸易、技术、税收缺口）理论。缺口理论的基本主张成为 20 世纪七八十年代以来发展中国家积极引进外资的重要理论依据，并推动世界 FDI 快速增长。但这一理论存在的现实缺陷是：无法合理解释一些缺口并不明显的国家为何也存在大量 FDI 流入。

20 世纪八九十年代以来，伴随着国际直接活动的日益频繁，FDI 理论不断发展。学术界更加关注 FDI 需求方（即东道国）因素对 FDI 流入的影响。研究者指出，东道国积极引入外资主要是基于 FDI 可以通过影响市场结构（Fishwick，1981；Caves，1982；江小涓，1999）、资本供给、技术溢出（Grima，2001）、对外贸易（Camilla，2000；Hunya，2002；宋京，2005），对东道国经济发展产生积极作用。同时，研究者发现，FDI 倾向流入那些具有稳定宏观环境（Lim，2001）、较大市场规模（Cheng and Kwan，2000；Wei and Liu，2001）、良好基础设施（Head and Ries，1999；Sun et al.，2002）、低廉劳动力（Cheng and Kwan，

2000；Sun et al.，2002）的国家。以上研究从东道国自身需求角度分析 FDI 流入现象，为 20 世纪 90 年代以来世界各国 FDI 的普遍增长提供了一个合理解释，并进一步拓展了邓宁 OLI 理论中的区位优势理论，也较好地解释了像中国这样的发展中国家凭借巨大的市场潜力、稳定的宏观环境、低廉的资源和劳动力等因素成功吸引 FDI 流入的事实。然而，由于缺乏对 FDI 需求方（即东道国）内部深层次因素即制度质量的考察，现有文献仍难以合理解释这样的现象：那些经济发展水平与外部条件具有相似特征的东道国，为何在 FDI 流入上却存在较大差别？

近年来，随着制度经济学不断发展以及转轨国家 FDI 份额日益增长，学术界逐渐开始重视东道国制度因素对 FDI 的影响。研究者 Anghel（2005）、Du 等（2008）发现，制度在吸引国际直接投资中发挥重要作用，拥有良好制度质量的国家总是在吸引 FDI 上能做得更好。然而，中国的制度质量在全球乃至发展中国家中并不处于优势地位，同时"两缺口"已不缺以及"以市场换技术"引资政策被证明并不成功，为什么仍有大量 FDI 流入？研究发现，金融扭曲（张军，2003；黄亚生，2005；胡立法，2008）、市场分割（赵奇伟，2009）等普遍性制度约束的存在是推动 FDI 大规模流入中国的重要原因。中国企业遵循政治主从次序来获取金融资源支持以及法律保护，导致国内大量金融资源分配给无效率的国有企业，而有效率的非国有企业难以合法融资，造成"国有企业有资产无能力，非国有企业有能力无资产"，国内企业竞争力普遍较低。同时，严重的地方保护与市场分割限制了国内资本自由流动，国内企业普遍偏好 FDI，外资大量进入。这些观点为全面考察 FDI 大量流入我国的原因提供了一个新的视角。

综上，以上研究文献为分析 FDI 动因提供了重要的理论基础。但就中国而言，经典 FDI 理论基于传统发展经济理论的供求角度并不足以解释我国外资流入的全部，而从制度经济学视角恰恰能为我们寻找一个合理解释。然而，当前基于制度经济学视角全面分析 FDI 流入及其对我国产业发展影响的文献很少，这有待于我们进一步完善。

2.1.3 FDI 溢出效应

学术界对于 FDI 溢出效应的研究始于 Cave（1974），他第一次较为全面地把技术扩散外部性分为三类，即资源配置改善效应、有利的竞争压力或示范效应、技术转移和扩散效应。此后，FDI 溢出效应得到广泛关注。但关于 FDI 的溢出效应，目前国外的经验研究存在以下三种观点：

第一种观点认为，FDI 对东道国产生正向溢出效应。Cave（1974）、Globerman（1979）以加拿大为考察对象，发现 FDI 对加拿大企业存在正向外溢效应。之后，Blomstrom 和 Persson（1983）、Blomstrom（1986）、Blomstrom 和 Wolff（1994）以及 Kokko（1994，1996）对 20 世纪 70 年代初墨西哥制造业进行了实证研究，结果均表明 FDI 对当地企业存在正向溢出效应。此外，Li 等（2001）、Liu 等（2001）、Buckley 等（2002）以及 Liu（2002）通过对中国企业的研究，发现 FDI 对当地企业存在正向溢出效应。

第二种观点认为，FDI 对东道国企业产生负向溢出效应。Haddad、Harrison（1993）对摩洛哥 1985～1989 年制造业面板数据的研究发现：当地企业生产率的增长与行业内 FDI 无关；完全独资的当地企业，其生产率的增长率反而高于拥有外资股份的企业。Aitken、Harrison（1999）对委内瑞拉 1976～1989 年企业面板数据进行研究，证明 FDI 通过"市场攫取效应"对当地企业产生负向溢出效应。Djankov、Hoekman（2000）对捷克斯洛伐克 1993～1996 年企业产出面板数据以及 Kathuria（2000）对印度 1976～1989 年企业产出面板数据进行研究，结论均表明 FDI 对当地企业生产力水平存在负向溢出效应。此外，Kinoshita（2001）也得出了类似的结论。

第三种观点认为，FDI 的正向溢出效应是有条件的，与东道国当地企业的技术水平、吸收能力、行业特征、FDI 进入模式等因素密切相关。目前，持这种观点的占大多数。Haddad 和 Harrison（1993）、Kokko（1996）的研究表明，只有当内外资企业技术差距不太大时，FDI 对东道国的正向溢出效应才会产生。OECD（2002）认为，并非所有的东道国都能从 FDI 的外部效应中获益，在获益之前，东道国必须达到吸收能力的最低门槛，如人力资本、金融部门发展等。Crespo、Fontoura（2007）发现东道国企业和地区的吸收能力是吸收 FDI 正向溢出的前提条件。Barrios（2000）用"R&D 支出"作为当地企业吸收能力的代理变量对 1991～1994 年西班牙企业进行研究，发现吸收能力越低，FDI 的"市场攫取效应"越大，即外资越多，TFP 越低。Liu 等（2000）的研究表明，东道国企业吸收能力越高，从 FDI 获取正向溢出效应越大。Beata Smarzynska Javorcik

（2004）通过对立陶宛企业层面数据的实证研究表明，FDI 通过后向关联产生溢出效应，但溢出效应只发生在东道国与外资合资企业之中，独资企业不存在外溢效应。

关于 FDI 溢出效应，近年来我国学者也进行了细致的研究。何洁（2000）认为 FDI "外溢效应"，是指 FDI 对东道国的经济效率和经济增长或发展能力产生无意识影响的间接作用，它可以发生在同一产业内或者不同的产业间。江锦凡（2004）则认为，FDI 外溢效应主要是指 FDI 影响除资、劳动力之外的其他影响经济增长的因素，从而使全要素生产率提高，实现对经济增长的促进作用的效应。张建华等（2003）进一步对溢出效应产生的渠道进行总结并归纳为以下四类：一是示范效应（Demonstration Effects）或传染效应（Contagion Effects）；二是竞争效应（Competition Effects）；三是培训效应（Training Effects）；四是关联效应（Linkage Effects）。而对于 FDI 外溢效应对我国的影响，研究者（沈坤荣，1999；姚洋，1998；何洁、许罗丹，1999；沈坤荣、耿强，2001）认为 FDI 对我国企业存在正向技术外溢。另一些研究表明 FDI 对国内的溢出效应并不显著或者存在负向溢出（陈继勇、盛杨怿，2008；蒋殿春、张宇，2008）。更多研究则表明 FDI 企业对我国企业的技术外溢具有"门槛效应"，且受到经济发展水平、国内企业吸收能力等诸多因素影响（何洁，2000；包群、赖明勇，2002；陈涛涛，2003；张宇、蒋殿春，2007；路江涌，2008）。

目前，国内外许多研究已认识到 FDI 正向溢出效应的产生是有条件的，外资企业对东道国既可能存在正向溢出也可能存在负向溢出，且许多研究已逐步转向考察 FDI 溢出效应产生的条件及溢出机制。

2.1.4 关于 FDI 部门选择的理论

部门选择是 FDI 决定的一个重要考虑，并且 FDI 在东道国的部门分布也直接影响到东道国产业结构。然而，由于无法获得相关部门层面数据，先前的文献中很少考察 FDI 在东道国的部门分布。尽管现有文献很少考察部门层面的 FDI 分布，但 FDI 在东道国的部门选择在理论文献中并非一个新的主题。总的来说，存在以下四个经典理论：

第一个理论，核心的理论是日本学者小岛清（Kojima）提出的相对优势理论

（Kojima，1973，1975，1977）。这一理论认为，投资者应该选择那些在东道国具有相对优势的行业进行投资（但是在母国相对没有优势），并把它们的投资集中在母国的第三产业。这一理论认为，投资项目的选择将有助于母国产业结构优化。小岛清的理论与当时美国的主流理论不同，但似乎更适合日本的情况。因为从 20 世纪 70 年代开始，日本对外投资不断增长，这在一定程度上反映了这一理论的有效性。

第二个理论，维农（Vernon，1966）提出的产品生命周期理论，认为海外投资是由于国际产品具有生命周期，即包括四个阶段：第一阶段是引进阶段，当新的市场活动开始，发达国家公司想要在母国市场进行技术创新并开发出新的产品。那样的市场更有可能在发达国家进行，因为它们拥有高收入消费群具有购买新的、昂贵产品的能力（如低的价格弹性）。因此，新产品首先在类似发达的国家出口，然而向大多数发达国家出口。第二阶段是增长阶段，即类似（或复制）的产品在各地生产并引入母国以获取母国的市场增长。这推动生产活动向其他国家转移，通常是基于生产成本考虑的。第三阶段是成熟阶段。在这一阶段，产品设计与生产流程变得逐步稳定。FDI 企业追逐单位成本降低以及最低的生产成本以赢得市场。生产将使用高技术、高工资的员工，但是出口主要面向低收入国家。第四阶段是衰退阶段或产品标准化阶段。在这一阶段，主要市场变得饱和，企业开始关注生产成本的降低而不是增加新产品的特征。结果欠发达国家将是产品的唯一市场，母国市场将不得不从发达国家进口资本相对集中的产品。维农的产品生命周期理论尽管与 FDI 的行业选择没有直接联系，但是事实上，它间接地与跨国公司产业选择理论相关，即跨国公司应根据企业产品生命周期选择在国外市场进行投资的产业。

第三个理论，Wells（1976，1983）提出的小规模制造理论。与传统理论认为现代企业规模经济是发达跨国公司的相对优势相反，Wells 是第一个提出小规模生产是发展中国家海外投资的优势。他的理论源于规模经济不可能从低收入国家获利（低收入国家对产品的需求有限）的事实。另外，发展中国家的企业更可能通过使用小规模的制造技术获得相对优势，这使得发展中国家对外直接投资成为可能。而且，正如 Wells 指出，发展中国家的跨国公司在获取当地采购与专业化产品方面比发达国家的跨国公司更具相对优势（由于东道国的技术创新）。

这一理论也反对了先前认为创新通常发生在母国的观点。以上所有特征提高了小规模制造以低成本生产的能力，并避免了来自母国出口配额的影响。然而，Wells 并未提供足够的实证证据来证明他的理论。

第四个理论，关注发展中国家 FDI。坎特威尔和他的学生托兰惕诺（Cantwell、Tolentino，1990）认为，发展中国家的跨国公司已通过有限的学习与技术积累快速增长。然而，这种技术积累或创新进程与一个国家的海外投资增长高度相关，因此，来自发展中国家的 FDI 在产业与地区上的分布将随时间而变化（随着其母国国内产业升级而进行海外投资产业分布、地区分布的变化）。

实证方面，现有文献很少关注 FDI 部门分布的决定因素与影响。Vu、Noy（2009）利用 6 个 OECD 国家的行业数据，第一次正式区分发达国家特定行业的 FDI 对增长的具体影响效应。他们指出，FDI 的影响效应在各个行业并不相同，且在各个国家也不同。在一些行业，并未证实 FDI 有助于经济增长。在发展中国家的 FDI 部门分析方面，Chakraborty、Nunnenkamp（2008）对印度的研究发现，FDI 对经济增长的影响因部门不同而显著不同。服务业 FDI 的兴起并未推动印度经济增长。制造业的产出增长不仅由本部门的 FDI 推动，而且也由流入到服务业的 FDI 在各部门的溢出效应所推动。大多数关于中国 FDI 的研究同样是从地区或国家层面进行分析，鲜有从行业层面分析。Sun 等（2002）使用了 1986～1998 年 30 个省份数据以检验跨省的 FDI 决定因素。他们收集了关于市场规模（GDP）、劳动成本、国内投资、劳动质量以及基础设施的省级层面数据。他们认为，劳动力质量与基础设施是决定 FDI 的重要因素，1991 年之后，FDI 对各省GDP 与工资率的影响非常不同。

总的来说，由于东道国行业层面数据难以收集（尤其是发展中国家），关于FDI 部门分布的实证文献仍不成熟。并非所有类型的 FDI 都会对东道国产生正向外部效应。特别是，一些学者在文献中指出——FDI 的正向增长效应只限于制造业 FDI，而第一产业 FDI 对增长产生负向效应（Alfro，2003；Aykut and Sayek，2007）。然而，世界银行（World Bank，2001）指出，尽管理论上人们普遍认可制度质量作为东道国吸收能力的一个方面而决定着 FDI 对经济增长的作用，但是经验文献却很少关注制度在 FDI 对经济增长贡献中的作用。

2.2　产业发展理论：产业增长与产业结构调整

产业发展是经济发展的核心与基础，也是介于经济发展与企业发展之间的一个中观概念，比较难界定。从单个产业看，产业发展是指产业形成以后，不断地吸纳各种经济资源而不断扩大自身的过程，既包含产业在量上的扩张，即企业数量、生产能力的增大；也包含产业在质上的改变，即技术进步、管理素质提高、产品升级以及产业组织的合理化（周新生，2000）。从一国整体来看，产业发展包括产业总量的增长和规模的扩大、产业结构升级调整以及产业组织合理化三者的统一。作为产业发展的最终体现和度量方式来看，我们较多地观察到产业增长和产业内部结构调整的两个主要方面，而且这两个方面也能够比较好地对产业内部的组织优化这一微观、动态的演变过程的结果进行刻画。因此，本书主要从产业结构和产业增长两个大的方面来考察 FDI 对中国产业发展的影响。具体而言，在产业结构调整方面，本书考虑三次产业结构调整的关系。在产业增长方面，考虑到长时期以来流入中国的 FDI 主要集中于第二产业，即：工业内部，同时考虑到数据的可获得性，所以考察产业增长效应时主要以工业增长为主。总体上，由于产业增长与产业结构是产业发展的主要内容，本书主要从产业增长与产业结构调整两方面来进行简要综述。

2.2.1　产业增长

经济增长主要表现为经济总量的增长，但是，经济总量的增长是以各产业部门的增长为基础的。现有的关于产业增长的研究大多从空间技术、知识溢出或者"动态外部性"的角度探讨是专业化（Specialization）、多样化（Diversity）还是竞争程度（Competition）主导了产业增长。Marshall（1920）认为产业的集聚通过产业内竞争、模仿以及资源的快速变动加速了知识外溢，将促进产业增长。这种产业专业化（Specialization）能进一步促进该产业在该地区增长的规模效应称为区域定位经济（Localization），从动态角度来看，这种效应也被称为 Marshall –

Arrow – Romer（MAR）外部性。而 Jacobs（1969）则认为最重要的知识传播来自相同产业集聚区之外，地理位置临近的产业多样化比产业结构单一更能够促进创新和经济增长，即产业的多样化比产业的专业化作用更为重要。因而一个地区产业的多样程度越高，越有利于促进知识的传播及经济活动的交往，也越有利于外部性的产生，更有利于这个地区产业的经济增长。一般如果某个产业的增长主要得益于地区产业格局的多样化（Diversity）效应称为城市化经济（Urbanization Economies），在动态背景下也被称为 Jacobs 外部性。

关于我国产业增长，学界从多角度进行了实证研究，得出的结论不尽相同。薄文广（2007）利用我国 29 个省、市、自治区 25 个产业的面板数据研究了外部性对于地区产业增长的影响，发现产业的多样化和竞争程度有利于产业增长，而专业化对产业增长影响则是负向的。同时他发现多样化程度与产业增长之间存在着一种非线性关系，当多样化程度较低时，多样化不利于产业增长，而当多样化水平较高时，多样化则会促进产业增长。吴三忙、李善同（2011）利用中国 31 个省区 169 个制造业 1999～2009 年的数据的研究也得到类似结论。此外，学者们还考察了市场规模、人力资本、FDI 等因素对产业增长的影响。黄玖立、黄俊立（2008）考察了市场规模与地区产业增长之间的关系并发现，地区产业增长与市场规模密切相关，除了少数自然资源开采业和本地需求依赖产业之外，市场规模较大的东部省级区域在大多数产业上的增长快于中西部。黄玖立、冼国明（2009）考察了人力资本与中国省级区域的产业增长的关系并发现，初始人力资本水平推动了中国省区的产业增长，这种推动作用是通过产业的技能劳动投入特征实现的。从东中西部地区来看，高中、中等职业和大学文化程度人口对东中部地区产业增长均有明显的推动作用，但在西部地区无显著效果。

2.2.2 产业结构调整

产业结构反映一国经发展的方向和总水平并制约着一国经济的兴衰。这一概念在 20 世纪 70 年代逐步得到明确界定，指的是国民经济各产业之间的相互关系。国内关于产业结构有多种解释。最早的是杨治（1985）把产业结构界定为产业间的比例关系，并进行了广义与狭义区分。随后，朱明春（1990）进一步指出，产业结构的问题归根结底是一个资源配置的问题。方甲（1997）认为，产业结构是一个国家或地区的产业组成即资源在产业间配置状态、产业发展水平即各产业所占比重，以及产业间的技术经济联系即产业间相互依存、相互制约的方式。史忠良（2007）指出，产业结构指的是在社会再生产过程中，国民经济各产业之间的生产技术经济联系与数量比例关系。这种产业间的关系包括"质"与"量"的关系。从"质"的角度看，主要是指一国或地区的劳动力、资金、各种自然资源与物质资料在各部门的配置状况与相互制约的方式，一般是由价值指标（即某一产业是部门创造的国民收入占比或资产占比）与就业指标（某一产业部门就业人数占比）来测量，并形成狭义的产业结构理论。从"量"的角度看，主要是指产业间的投入产出关系，从而形成产业关联理论。广义的产业结构包括"质"与"量"两方面。本书主要侧重史忠良（2007）狭义上的产业结构理论。

关于产业结构演进的一般规律，存在以下经典理论：①"配第—克拉克定理"，即劳动力在三次产业中的分布规律。随着经济的发展，劳动力首先由第一产业向第二产业移动，再向第三产业移动，第一产业中就业人口比重将不断减少，而第二、三产业中就业人口比重将增加。导致劳动力分布结构变化的主要动因在于产业之间在经济发展中产生的相对收入的差异。②西蒙·库兹涅茨法对产业结构的演进规律做了更深入的探讨，阐明劳动力和国民收入在产业间分布变化的一般规律。即随着时间的推移，第一产业的国民收入在整个国民收入中的比重与该产业中劳动力相对比重都呈现出不断下降的趋势，第二产业的国民收入相对比重和劳动力相对比重是不断上升的，第三产业的劳动力相对比重几乎在所有国家都呈上升趋势。库兹涅茨认为，产业结构演变的动因除了各产业部门的相对收入差异外，还由各产业部门之间相对国民收入的差异决定。③钱纳里（1975）认为在工业化初级阶段，轻工业（特别是纺织、食品工业）在产业结构中处于重要地位，在生产要素密集程度方面以劳动密集型为特征；进入工业化中、后期阶段，重化工业品的发展又可分为以原材料工业为重点和以加工型工业为重点的两个不同阶段，资本密集度、技术集约度都明显提高。在这一增长过程中，经济增长有加速趋势。但当经济发展在完成工业化任务而进入发达经济以后，增速会明显回落。

关于产业内部结构演进的研究。德国经济学家霍夫曼（1931）得出了著名的霍夫曼定律，即随着工业化的进程，霍夫曼系数是不断下降的（霍夫曼系数是指消费资料工业净产值与资本资料工业净产值之比）。霍夫曼定律提出，对产业结构演进规律的研究带来了新思路。其后的学者对该定律进行了大量的讨论与验证。罗斯托（1962）提出主导产业及其扩散效应理论，认为经济的发展就是充当"领头羊"的主导产业部门首先获得增长，然后通过回顾效应、旁侧效应、前向效应等主导产业扩散效应对其他产业部门施以诱发作用，最终带动整个经济增长的过程。

此外，关于开放条件下产业结构演进，具有代表性的是日本经济学家赤松要（1960）提出的"雁行产业发展形态说"（即随着发达国家技术和产业发展的推动，发展中国家的产业结构的演变规律为：进口—国内生产—出口）以及维农（1966）提出的"产品生命周期理论"（即发达产业结构的演进规律为新产品开发—国内市场形成—产品出口—资本和技术出口—到产品进口—再到开发更新的产品……按照这种顺序不停地循环上升）。此外，迈克尔·波特教授（2002）的"国家竞争优势理论"是进入经济全球化时代西方产业发展理论的一个典范。波特指出，国家竞争力的基础是产业竞争力，产业竞争力的基础是企业的竞争力。在经济全球化中，一国政府的产业国际竞争战略对该国产业结构演进非常重要。

关于产业结构调整的决定和影响因素，国内学界主要沿着产业经济学开拓者杨治（1985）的思路进行拓展，主要包括需求结构（姜彦福等，1998）、资源供给结构（史忠良，1998；蒋选，2004）、技术进步（贺菊煌，1991；石磊，1996；陈晓涛，2006）、国际经济关系（胡乃武、王春雨，2002）等。主流产业经济学认为，产业结构优化主要包括产业结构的合理化和高度化。但对于产业结构合理化的认识，学界观点并不一致。苏东水（2000）认为产业结构合理化要解决三个问题，即供给结构与需求结构相适应问题、三次产业及各产业内部各部门之间发展的协调问题、产业结构效应如何充分发挥的问题；史忠良（1998）提出产业结构合理化要达到资源合理利用、充分利用国际分工、产业间协调发展及经济社会可持续发展四项标准；黄继忠（2002）提出产业结构合理化的结构完整性、速度均衡性和产业协调性三个标准。

对于产业结构高度化，即产业结构从低级水平向高级水平的发展，包括整个产业结构中第一产业占优势比重逐级向第二、第三产业占优势比重演进；由劳动密集型产业占优势比重逐级向资金密集型产业、技术知识密集型产业占优势比重演进；由制造初级产品的产业占优势比重逐级向制造中间产品、最终产品的产业占优势比重演进。

2.3 FDI 与产业发展理论

2.3.1 国外有关理论综述

关于 FDI 对东道国经济增长与产业发展的影响，目前国外学术界存在以下三种观点：一是促进论，认为 FDI 可以推动利于东道国产业发展与产业结构调整升级。早期的研究大多持这种观点，它们认为 FDI 可以通过资本、技术、知识、管理等溢出机制，推动东道国地区经济增长、产业扩张及产业结构调整。钱纳里的"两缺口模型"、维农的产品生命周期理论、赫尔希曼的技术缺口理论、小岛清的边际产业扩张理论等经典理论分别从不同角度阐述了 FDI 的促进作用。De Mello（1997）指出，FDI 作为一揽子资源，能通过各种方式提高东道国的技术水平。由于现有增长理论强调技术改进、效率、生产率在决定经济增长中的重要性，从而 FDI 对增长有正向效应（Lim，2001）。二是抑制论，认为 FDI 可能不利于东道国经济增长与产业发展。Singer（1950）的研究发现，FDI 流入发展中国家并未对其经济增长产生正向影响，因为其 FDI 集中在农业部门。UNCTAD（2001）指出，与制造业 FDI 相比，农业部门 FDI 中外国企业与东道国当地企业之间的前后向关联的范围更小，极大地限制了第一产业 FDI 对经济增长的影响。Alfaro（2003）分农业、制造业、服务业 3 个部门来研究 FDI 对经济增长的影响，发现 FDI 对增长的影响模棱两可，但跨部门 FDI 的影响效应变化很大：服务业 FDI 对增长有模棱两可的效应，制造业 FDI 有正向效应，农业 FDI 为负向效应。因此，应对不同类型的 FDI 采取不同的激励措施，尤其是应阻止农业 FDI 进入。Aykut 和 Sayek（2007）通过对波斯瓦那的研究，也发现农业 FDI 对增长有负向效应，从而进一步证实了 Alfaro（2003）的结论。总之，现有实证文献难以得出这样的结论，即"FDI 与经济增长之间存在广泛正向联系"（Lipsey，2003）。三是有条件的促进论，新近一些实证研究发现：并非所有类型 FDI 都能产生正外部性。FDI 可能对东道国经济增长产生正向、负向或不显著的影响效应。Dutt（1997）最早从实证角度考察部门 FDI 流入与经济增长的关系，认为发展中国家制造业部门 FDI 更可能产生正向影响，因为它包括更多的技术进步，而农业 FDI 则存在负向影响。随后，Alfaro（2003）也得出类似结论。

同时，研究表明，并非所有东道国都能从 FDI 提供的正外部性中获益，FDI 对经济增长的正向影响效应关键在于东道国自身的吸收能力（World Bank，2001）。吸收能力包括的因素有：研发水平、人力资本水平、金融发展程度、经济发展水平等。对此进行开创性研究的是 Blomstrom 等（1996），他们发现 FDI 在高收入国家对经济增长产生正向效应，而在低收入国家并不存在这种稳健的正向效应，从而得出结论：东道国要从 FDI 中获益必须跨越经济发展门槛。Borenzstein 等（1998）的研究表明，只要东道国有足够高水平的人力资本，FDI 就会对其经济增长产生正向促进作用。这一结论被世界银行（World Bank，2001）证实。

此外，金融发展也被认为是东道国吸收能力的一个方面。金融抑制会阻碍国内企业从 FDI 的正外部性中受益。Hermes、Lensink（2003）发现，东道国金融体制的发展是 FDI 对其经济增长产生正向影响的一个前提条件，这一结论进一步被 Alfaro 等（2004）与 Durham（2004）证实。Durham（2004）还发现，制度质量也是 FDI 对经济增长产生正向效应的前提条件之一，他发现在那些产权保护指数达到最低门槛的国家，FDI 均对经济增长有正向效应。

2.3.2　国内相关理论综述

关于 FDI 对中国产业发展的影响，我国学术界也存在以下三种观点：第一种观点认为 FDI 对我国产业发展有正向作用。这类研究主要偏向于从 FDI 在各个产业的分布来判断 FDI 对产业发展与产业结构的影响，并以定性研究居多。江小涓（1999，2002）指出利用外资有利于改善产业质量、促进技术进步、提升产业竞争力、促进产业结构升级与产业组织优化等。外资经济在 GDP 增长、技术进步和产业结构升级、增强研发能力等方面发挥重要贡献，不但推动着中国经济的持续增长，而且改变着中国经济增长的方式，还提高了中国经济增长质量。王洛林等（2000）对全球 500 家最大跨国公司在华企业的行为和影响做出分析后指出，大型跨国公司增加在华投资不仅通过资本供给推动经济增长，而且对于提升我国产业结构、推进技术进步和加大经济国际化程度都产生积极影响。研究者认为，改革开放以来吸收 FDI 的成效，证明这是实现我国产业结构优化升级的一条重要途径（裴长洪，2006），外商投资之所以能够推动我国本土产业发展和竞争力的提高，是因为外商投资可以改善我国产业发展升级的技术条件、物质条件、制度条件、法律条件和市场条件（桑百川，2009）。谢汗立（2011）认为，FDI 作为一种投入要素，可以通过增加资本存量、提高投资效率等主要途径来促进东道国的产业结构升级。新近一些实证文献的结论支持了 FDI 对产业发展的正面作用。刘宇（2007）的研究发现 FDI 对三次产业工业增加值的提高都具有正效应；黄玖立、冼国明（2009）从融资的角度考察了 1999～2006 年 FDI 对中国省区产业增长的影响，结果发现 FDI 对中国省区的产业增长有着显著的促进作用。文东伟等（2009）的研究表明，FDI 推动了中国的产业结构升级，并显著提升了中国的出口竞争力。卢阳春、吴凡（2009）的实证分析显示，在不同发展阶段 FDI 对我国产业结构演进所起的优化效应有所差异，但总的来看，主要体现在资本形成与促进效应、技术转移与溢出效应、示范效应与竞争效应等方面。

第二种观点认为 FDI 对国内产业发展存在负向效应。陈明森（2003）指出，改革开放以来我国利用外资总体属于数量扩张型，外资规模虽大，但技术含量不高，产业层次较低。这种以数量扩张为主的利用外资方式容易造成"外资流入陷阱"，即由于利用外资质量低度化，外资进入只能弥补国内短缺资金与物质缺口，无法发挥改善资源配置、促进技术进步与产业升级的作用，而且与国内原有传统产业形成低层次平面竞争，以致产生外资企业排挤国内企业的挤出效应。此外，研究者还发现，由于引资结构不合理与外资质量不高，FDI 不仅对我国产业发展和结构优化的作用有限，而且还强化了我国三次产业结构发展的不均衡性（陈继勇、盛杨怿，2009）。钱学锋、梁琦（2007）则基于空间经济学理论考察了外商投资与东道国利益之间的关系并发现，在长期内外商投资并不能在东道国产生累积循环作用，从而不能形成有效的产业关联效应。

第三种观点认为 FDI 对我国产业发展同时存在正负影响。研究者认为，外商投资对我国三次产业结构及产业内部结构产生了不可忽视的影响，其中既有正面影响，也有负面影响（郭克莎，2000；刘亚娟，2006；郑澎，2009）。近年来不少实证文献都持这种观点。研究者发现，在产业发展层面，外商投资确实有助于改进资源配置效率，但这种贡献是以妨碍生产效率改进为代价的（卢荻，2003）。尽管 FDI 大量进入我国第二产业，推动了第二产业发展并加强了第二产业的国际竞争力。但 FDI 过于集中在第二产业加剧了我国三次产业的偏差（刘亚娟，2006；赵红、张茜，2006；刘宇，2007），也增加了实现三次产业协调发展的难度，并加剧了产业结构的同构化（陈明森，2003）。研究者认为，外资一方面推动了内资部门的技术进步，另一方面抑制了技术效率的提高，甚至抑制和削弱了国内企业创新能力，并造成对外技术的严重依赖性（陈涛涛，2003；陈柳，2007；范承泽等，2008；范黎波、宋志红，2008；郑澎，2009），而外资促进技术进步是通过竞争来完成的，而不是技术扩散（张海洋，2005）。FDI 竞争效应在短期表现出显著的促进或抑制效应，长期影响不显著；FDI 技术溢出效应的短期与长期影响均不显著（邢斐、张建华，2009）。

不少实证研究还发现，FDI 对国内产业发展的影响因产业和地区不同而不同。冼国明、文东伟（2006）指出，跨国公司进入后，生产率提高的产业内资企业被挤出得更少，而生产率下降的产业内资企业被挤出得更多。面临跨国公司的竞争，内资企业生存下去的重要条件是提高生产率。同时，跨国公司出口销售更加有利于东道国的产业发展，东道国政府应鼓励跨国公司出口销售以降低对内资企业过大的压力。刘宇（2007）运用面板数据模型对 1984~2003 年我国合同利用外资额和三次产业工业增加值之间的关系进行研究，发现 1992 年前后 FDI 对第一、第三产业工业增加值提高的影响显著不同，而对第二产业工业增加值提高的影响则相同。冼国明、孙江永（2009）对 FDI 对中国产业发展进行了分行业研究。基于 1999~2006 年中国 31 个省市纺织业的面板数据，从外资不同来源地和中国地区差异的角度研究 FDI 对单个制造业行业的影响。研究表明，不论是整体外资还是港澳台 FDI、其他来源地 FDI 在中国东部地区都存在挤入效应，在西部地区都存在挤出效应，在中部地区挤入或挤出效应均不明显；其他来源地 FDI 在东部地区的挤入效应和西部地区的挤出效应都要大于港澳台 FDI；按来源地划分的 FDI 挤入或挤出效应大小和整体外资也有差别。

此外，关于如何推动 FDI 促进国内产业发展方面，研究者认为，要加强对

FDI 的产业导向，使外商投资结构的变动与我国产业结构调整的要求相一致，改变外商投资结构的不合理倾斜（郭克莎，2000）。同时，把完善市场经济制度和投资环境作为吸引外资的战略重点，加快知识产权保护和市场规范制度的建立与完善，维护正常的市场秩序，提高市场竞争的效率（张海洋，2005）。研究者还认为，应根据中国企业的竞争能力来确定引进 FDI 规模和档次，在企业竞争力较强的行业适当地多引进外资，跨国公司的规模也相应地大一些；在企业竞争力较弱的行业或新兴行业，引进外资的数量要有所限制，跨国公司规模也要基本上与国内企业的水平相当（宋泓，2005）。不能过分地迷信 FDI 的技术溢出效应，也不应盲目地引进外资或过于给予外资优惠的政策，而应鼓励外商在我国进行更高端的产品研发活动，提高外资进入的"技术溢出"门槛（邢斐、张建华，2009）。

2.4　制度环境与 FDI

近年来，随着制度经济学的发展以及转轨国家与发展中国家 FDI 快速增长，制度在 FDI 中的作用逐步受到学术界关注，并成为影响 FDI 区位选择的重要因素。Dunning（1998）认为，全球经济一体化发展已改变跨国公司寻找区位优势的方式，使得它们越来越倾向在那些拥有最好的经济与制度条件的地区投资。跨国公司关注的焦点已从传统的区位优势（如劳动力成本、自然资源的可获取性等）转变到包括基于知识的资产、基础设施与制度因素等具有创造力的区位优势（Narula and Dunning，2000）。从更宽泛的定义来讲，制度包括正式规则，例如规范、文化、习俗或嵌入在特殊政治制度与组织结构中的更有目的性的正式规则。在本书中，我们关注正式制度，它们包括：法律构架与法律执行、私有部门发展、政府干预、规制体制以及产品和中间市场发展（Davies and Walters，2004；North，1990；Peng et al.，2008）。因为这些制度与 FDI 活动相关并且在现有文化体制中已经被量化（樊纲等，2009）。相反，非正式制度尽管对正式制度的演进产生重要影响，但它们的产生是自发的且仍主要存在私有领域（Williamson，

2000）。

关于东道国制度环境对 FDI 流入的影响，近年来不少学者开始关注。Henisz、Willamson（1999）认为东道国的产权制度非常重要，那些产权维护不好的国家，跨国公司面临两种政治风险：一是直接风险，即跨国公司部分利润被没收甚至企业被民族化；二是间接风险，东道国政府可能会牺牲跨国公司利益来支持当地企业。随后，许多文献从东道国政治稳定、政府效率、经济自由、腐败程度、法律制度与产权保护、规制质量、金融制度等指标考察对 FDI 的影响。鲁明泓（1999）运用全世界 110 多个国家和地区的数据验证了 10 多个制度因素对国际直接投资流入的影响。研究表明，国际直接投资趋向于流入市场发育程度高、金融管制宽松、经济自由程度高、私有财产保护程度高和法律完善程度高的国家和地区，其中尤以经济自由程度最为关键。并指出中国诸多制度因素如加强产权保护、提高政府效率等、实行国民待遇、加速市场发育、放松金融管制、改革经济体制、健全法制法规等方面需要改进。Agnès Bénassy - Quéré 等（2005）发现，东道国制度是决定 FDI 流入的重要因素，好的制度即行政效率高、腐败程度低、政府透明、良好的法律与产权保护等有利于东道国吸引 FDI。Wei（2001）的研究指出，腐败不利于东道国吸引 FDI 流入。Alan Bevan 等（2004）通过对东欧转轨国家的研究也发现，东道国的企业私人所有制、金融改革、外汇与贸易自由、法律发展程度等因素对 FDI 流入具有重要影响。总之，研究者发现东道国制度环境对于吸引 FDI 流入非常的重要，拥有良好制度（即有效率的政府机构、腐败程度低、健全的法律制度以及良好的合约执行、司法公正透明等）的国家能吸引更多 FDI；反之，则 FDI 流入更少。

然而，关于制度与中国 FDI 流入，研究发现，转轨时期中国制度环境的缺陷是导致我国 FDI 大量涌入的一个重要因素。张军、郭为（2003）通过考察 FDI 的地理分布、行业分布以及中国金融的现状，认为中国金融体制存在的缺陷导致了外资以 FDI 的形式流入中国。在现有金融结构下，FDI 以实物的方式增加了企业的资产存量，更有利于企业通过简单的资产评估，以抵押贷款的方式获得银行贷款。黄亚生（2005）指出，改革时期中国扭曲的经济制度造成 FDI 大量流入：金融制度约束、中国经济的条块分割、产权的不安全以及私人企业所拥有的政治合法性缺失。这直接造成我国非国有企业竞争力低下，FDI 大量进入包括中国自身存在比较优势的劳动密集型产业。中国企业竞争力整体低下，国有企业往往有资产无能力，非国有企业有能力无资产，两者都希望引进 FDI 并打破这种局面。胡立法（2008）也认为，中国之所以偏好 FDI，并非完全源于飞速发展的经济、巨大的国内市场、良好的基础设施等因素，还存在"吸引"外资的另一方面因素，即中国经济本身存在的某些本质弱点，如金融体制缺陷等。中国资本市场、银行体制、利率体制和结售汇制度中存在的某些缺陷，是其偏好 FDI 的重要原因。在实证研究方面，朱彤等（2010）则利用省区面板数据和系统 GMM 方法对 FDI 流入我国的原因进行了分析，结果发现除劳动力成本、市场规模、基础设施、工业化程度和开放程度等传统因素外，金融市场扭曲也是导致 FDI 大量流入我国的重要原因。周申等（2011）采用我国 1998～2007 年 28 个省区面板数据，分析了金融扭曲差异对 FDI 流入的影响，结果表明地区金融扭曲差异影响 FDI 的流入；分地区研究则发现：我国东部金融扭曲差异对 FDI 流入没有显著作用；而中西部金融扭曲差异显著地抑制 FDI 流入，且对外商直接投资流、存量的抑制程度要明显大于东部。罗长远（2011）的研究表明，对于大多数发展中国家而言，FDI 是缓解信用约束的一个途径，而中国并不缺乏储蓄，只是金融体制扭曲、金融配给体系无效率导致 FDI 承担着更大程度的金融媒介与信用中介功能。

对于中国而言，知识产权保护的作用相对关注很少。最近，Du 等（2008）采用中国 1993～2001 年面板数据，考察了地区经济制度（如知识产权保护与合约执行）对美国跨国公司在中国区位选择的影响。研究结果表明，美国跨国公司更倾向在这些地区投资：拥有更好的知识产权保护、政府对商业更少的干预、合约执行更好。这与黄亚生（2005）等人的研究结论相似。

从表面上来看，国内外学术界关于制度与 FDI 流入的观点存在分歧。事实上并不矛盾，只是侧重的方面不同。国外文献研究强调的是良好的制度有利于东道国吸引更多更好的 FDI 流入，差的制度则起到阻碍作用；而我国学界的研究则侧重强调转轨时期制度环境的缺陷导致大量低质量的 FDI 涌入我国。

研究者进一步发现，东道国制度环境不但影响 FDI 流入，而且影响 FDI 对东道国的效应。Olofsdotter（1998）认为，高质量的制度能使 FDI 带来的新技术在国内更容易推广。他的实证结果表明：拥有更好的制度尤其是官僚机构效率的国家，FDI 对其经济增长的正向作用更强。沿着相似的观点，Durham（2004）发现，制度质量是 FDI 对经济增长产生正向效应的前提条件之一。更为具体的是，他发现在那些产权保护指数达到最低门槛的国家，FDI 均对经济增长有正向效应。W. N. W. Azman - Saini 和 Ahmad Zubaidi Baharumshah 等基于 84 个国家的面板数据，采用 GMM 方法考察了 FDI、经济自由与经济增长之间的关系，发现 FDI 本身对东道国经济增长并无直接增长效应，相反，东道国自身经济自由程度是 FDI 增长效应产生的前提条件。这表明，经济自由度越大，东道国越能从 FDI 流入中获益。邵军、徐康宁（2008）采用建构基准模型以及非线性内生门限的方法，检验了制度质量高低对外资增长效应实现的影响。结果发现，制度质量与外资增长效应之间存在着非线性的"倒 U 形"关系，即外资进入引致的增长效应在制度质量相对居中的国家最为显著。Nadine McCloud 、Subal C. Kumbhakar（2012）采用贝叶斯等级模型，通过对 60 个非 OECD 国家 1984～2002 年的实证研究发现，FDI 是否有利于东道国经济增长主要依赖于东道国自身制度质量，制度质量影响东道国吸收能力进而影响到 FDI 在东道国的增长效应。

而关于制度环境对我国 FDI 质量及 FDI 效应的影响，我国学界也进行了细致的研究。蒋殿春、张宇（2008）指出，在经济转型特定的制度环境中，由于知识和技术的价值受到低估，企业和个人进行技术改造和更新的激励不足，同时制度的缺陷又禁锢了国内企业的学习和创新能力，我国 FDI 技术溢出机制受到强有力的制约。改革开放以来，中国经济在高速增长过程中表现出非常明显的外资依赖特征。其中，对民营经济的抑制与对外资部门的过度鼓励，这两种主要的制度约束在外资依赖中扮演着重要角色，进而对 FDI 的技术溢出效应产生不利影响（张宇,2009）。赵奇伟（2009）则发现，1978 年改革开放以来我国实行的地方行政性分权对非国有企业在资源分配上歧视性政策以及对外资实施优惠政策等几项重要制度安排，导致了地方保护和市场分割、要素市场发展程度较低以及对 FDI 过度依赖等制度缺陷，并继而导致内资企业技术吸收能力与创新能力不足，无法获取积极的 FDI 技术溢出效应。郭熙保、罗知（2009）利用中国省市 1999～2006 年的数据检验了外商直接投资的数量、特征与经济增长之间的关系，结果显示：FDI 特征直接影响外商直接投资对中国经济增长的作用程度甚至方向。在 FDI 吸收较多的地区，高技术水平的外商直接投资较有利于经济的增长，而在 FDI 吸收较少的地区，适宜技术水平的外商投资较有利于经济增长。傅元海、史言信

（2011）利用时间序列数据，采用主成分逐步回归分析方法实证分析了不同的政策制度对我国引进 FDI 质量的影响，结果表明，市场化程度与 FDI 质量呈正相关。

2.5　文献述评

FDI 作为推动发展中国家（地区）经济增长的一支重要力量，长期以来成为经济增长、发展经济学和国际投资等文献的研究焦点。现有对于 FDI 的研究主要集中于影响 FDI 流入的因素、FDI 溢出效应大小及其发生的微观机制、FDI 在部门（行业）的分布及其对行业发展的影响。影响外资流入的因素众多，除了早前的基础设施、经济增长速度、人力资本水平等基本因素之外，随着研究的深入制度因素逐渐被纳入到分析框架中来。关于 FDI 溢出效应的大小和方向问题的文献浩如烟海，其结论也未能统一，比较一致的观点是 FDI 溢出效应可大可小甚至可正可负。最为重要的一点是，FDI 发挥正向溢出效应需要东道国具备一定的条件，以及突破一定的（各类）门槛。

同样，对于研究一国经济增长来说，产业经济是无法逾越的一个层面，以往对于产业经济发展这一主题的研究文献则主要集中于产业结构调整和产业增长两方面。FDI 流入到东道国之后，必然要进入到某个产业（行业），而 FDI 流入不同行业，其经济绩效是不同的。FDI 在不同行业的分布、FDI 特征等都是影响 FDI 在该行业经济效应的因素。

具体到中国来说，关于 FDI 对中国产业发展的影响，目前学术界远未达成一致意见。理论与实证研究之间、实证研究之间还存在较多分歧。早前的研究定性研究居多、定量研究则主要以时间序列数据为主，此类研究主要以 FDI 在各产业的分布大小判断其对产业的影响，同时他们大多只关注到 FDI 对产业的促进作用而未考虑正面效应产生的条件以及 FDI 可能产生的负面作用，得出的结论显得过于片面且缺乏说服力。晚些的研究发现，FDI 在行业和产业层面的正向效应（资本供给效应、溢出效应等）的存在是需要具备一定条件的（或者具有门槛效应）；而且 FDI 在不同国家（地区）、不同时期对经济发展的影响效应是非常不同的，有些时候可能为负效应，在产业和行业层面也必然会呈现出类似的特征，因此有必要进行更加深入的研究。

近年来，国际上越来越重视从制度变迁和改革措施的视角研究经济绩效的影响因素，并为之提供更为丰富的经验证据。而且，随着制度经济学的发展以及转轨国家与发展中国家 FDI 的快速增长，加上国际学术界关于"制度对贸易与增长联系"的文献的不断兴起（Dollar and Karry，2003；Bormann et al.，2006），制度环境对流入发展中国家（地区）的 FDI 类型和特征的影响逐步受到学术界关注，我国部分研究者也开始从一些侧面关注东道国制度质量对外资增长绩效的影响（邵军、徐康宁，2008；赵奇伟，2009）。

从总体来讲，从现有的制度环境与 FDI 文献来看，主要集中于探讨制度环境是如何影响 FDI 流入的，而对于制度环境对流入发展中国家 FDI 的类型和具体特征，并未做出更多的解释和更深入的研究。特别是对于中国这样的转型国家，制度改革贯穿于对外开放的始终，可以预期制度环境的变迁会成为影响 FDI 类型和特征的关键因素。而且，即使研究了制度环境如何影响 FDI 流入，仍然不能回答制度环境如何影响 FDI 在各个国家经济绩效各异的原因，更不能回答为何 FDI 在各国产业层面上的经济效应不同等问题。

本书认为，东道国制度环境（就私有产权保护、法律与法规执行、金融制度、产品与中间市场发展等几方面的制度因素而言）能稳健地反映 FDI 对东道国经济的影响。由于制度因素不但影响 FDI 流入，而且极大地影响着跨国公司在东道国的行为方式及其与当地各部门之间的相互作用（Cantwell，Dunning and Lundan，2010；Hoskisson et al.，2000；Peng，Wang and Jiang，2008）。制度环境极大地改变着 FDI 对东道国溢出与增长的影响程度甚至改变 FDI 在东道国的影响方向（正负影响）。更为具体的是，一个更为成熟的制度环境不但能激发 FDI 并且为外资企业与当地企业的合理性生产提供便利，而且能降低 FDI 负面效应。相反，一个不完善的制度环境则可能降低 FDI 正面效应同时强化其负面效应。

转轨时期，国内特有的制度环境是造成大量低质量的 FDI 流入我国的重要原因，进而导致 FDI 在我国的溢出效应与增长效应受到较大抑制。最近，学术界逐渐认识到只有不断改善国内制度环境才能提高 FDI 质量，充分发挥 FDI 对国内经济发展的积极作用，而且在很大程度上影响 FDI 在东道国的正向溢出效应与增长效应的发挥。然而，颇为遗憾的是，现有研究尚缺乏从当前中国特有制度环境出发考察 FDI 类型、特征及其对产业发展的影响机制及影响效应的文献。基于以上认识，本书拟就"不同制度环境条件下 FDI 与产业发展"[①] 这一问题进行细致考察，从而建立起一个系统的理论分析框架，并依托此框架进行相关的实证检验，以此增进和丰富对制度环境、FDI 与东道国产业发展的认识，深化和拓展相关文献。同时，本书的研究也提出了一些新的议题：为何一些地区比其他地区更多地受益于 FDI? 政府政策应该怎样使得 FDI 的影响更令人满意（Dunning and Lundan, 2008；Meyer, 2004；Wells, 1998）等。

---

　　① 本书所指的制度主要是从相对宏观层面来看制度环境，在具体实证中，考虑到数据可获得性与本书制度环境涵盖的范围，选取文献中普遍引用的樊纲、王小鲁、朱恒鹏（2011）编制的市场化总指数及其分项来刻画制度环境的改善（或称制度约束的缓解），大量文献表明这个指数可以比较稳健地反映中国制度环境的变迁（夏立军、方轶强，2005；Li et al., 2006；Chen et al., 2009；赵奇伟，2009；Gao et al., 2010；郑志刚、邓贺斐，2010；樊纲、王小鲁和马光荣，2011；Li et al., 2011；张杰、李克和刘志彪，2011），我们认为，它可以稳健地反映制度环境变化对中国 FDI 及其经济绩效的影响。

第3章 转型制度环境与
中国 FDI 流入特征

长期以来，经济学文献一直强调社会政治因素在决定 FDI 流入中的重要作用。因此，运用东道国各种社会、政治变量来解释 FDI 流入并非只是近期 FDI 文献才出现的。关于这方面的研究最早的是 Basi（1963），他研究了政治稳定对 FDI 的影响。然而，在过去几年中，这一领域又重新出现了对社会政治因素研究的关注，尤其是制度质量，越来越多的关于这方面的主题文献发表，因此，大量文献把 FDI 流入与制度联系在一起。中国是一个在制度质量、产业集聚以及基础设施、生产成本、人力资本禀赋等方面客观存在着较大地区发展不平衡的国家，这些跨地区丰富的变化使得在中国研究制度对 FDI 流入的影响成为一个理想选择。

作为全球化进程中的重要组成部分，FDI 在过去的几十年里改变着世界局面也同时改变着中国的局面。中国已成为世界最大的 FDI 接收国之一，并且 FDI 被广泛认为是中国经济增长的一个巨大引擎。世界银行（1997）把 FDI 视为中国经济奇迹背后的一个主要驱动力。那么，究竟是什么因素导致 FDI 大量流入中国？这个问题一直令学界与政策制定者感兴趣。传统观点认为，由于中国劳动力与资源的丰裕而带来的生产成本低廉以及高质量的基础设施充足等因素是 FDI 流入的主要决定因素。我们认为，除了考虑传统因素如生产成本、基础设施外，改革开放以来国内制度环境变迁对 FDI 流入产生了重要影响。本章主要考察制度环境在决定 FDI 流入及其特征中的重要作用。

制度对于一个国家经济发展十分重要，这一点已成为学界的普遍共识。自亚当·斯密发表《国富论》以来，经济学界已清醒地认识到保护市场、界定与保护产权、制定并执行合约等的重要性。Baumol（1990）指出，制度可以通过决定产权的安全性与确定性从而对投资与创新行为产生激励。许多学者，如 North（1981，1990）、Weingast（1995，1997）、Olson（1982）等都强调了制度相关方面尤其是产权保护对经济发展与增长的影响。之后，大量文献研究将制度与经济增长联系起来。IMF（2003）、World Bank（2002）认为，有效的制度为促进增长的活动如投资、创新以及企业家关系提供一个合适的制度环境。因为更安全的产权制度能激励企业家采用新的、更有效的技术以使其长期利润最大化。同样，Mauro（1995）认为，在物质资本、利润、专利等方面的产权保护差的制度将降低投资、创新与获取外国技术等方面的激励。换句话说，产权的不确定性将降低资本边际生产率与回报率。并且，差的制度将激励没有生产率的行为，阻碍经济增长，增加交易成本。因此，制度是经济增长的一个重要决定因素，这一点毋庸置疑。但现有关于制度对 FDI 影响的文献相对有限。在一个利用总数据进行跨国研究的文献中，Wei（2000a，b）发现，东道国的腐败客观地阻碍了 FDI 流入。同样，Campos、Kinoshita（2003）利用总的面板数据对转型国家的研究显示，制度（主要由法律、政府对商业的干预程度来代理）是 FDI 流入的重要决定因素。

　　在前一章的文献综述部分，我们阐述了制度与 FDI 之间的关系，强调了制度对 FDI 流入的重要影响。这一部分，我们主要考察转型时期中国国内制度环境对 FDI 流入特征的影响，即 FDI 规模、FDI 类型、FDI 分布等方面。制度环境分为两部分来阐述：一是改革开放以来，国内为吸引外资企业进入而进行的制度环境改善；二是国内企业本身在长达 30 多年的改革进程中所面临的制度约束环境，国内两个环境共同作用对于中国的 FDI 流入特征产生了重要影响。因此，我们首先回顾转轨时期国内制度环境的演进，继而考察不同时期制度环境对 FDI 特征的影响。

3.1　转型与中国特色制度环境

3.1.1　中国制度转型与制度环境

自 1978 年中国实行改革开放以来，中国社会的制度转型伴随着改革开放的步伐逐步推进。早在改革开放之前，中国社会对内实行的是高度的计划体制，即政治上高度的中央集权与经济上严重的计划体制；对外，中国几乎封锁了与世界主要经济体的联系，长期封闭的制度环境曾一度导致中国经济长期处于非常落后的地位。尽管计划经济体制在特殊时期曾发挥了一定的重要作用，但随着国际政治环境的变化以及经济全球化趋势的加剧，这一制度日益显露其严重的缺陷因而迫切需要进行改革。20世纪70年代中后期，中国逐步结束了国内多年的政治动乱，且国家工作重心重新又转到经济建设上来。并且，随着世界经济全球化的推进，中国在20世纪80年代初开始了逐步融入世界经济的过程，对外积极进行开放，对内酝酿实施各项改革。

总体来看，中国的改革是一个逐步推进市场化的过程。始于20世纪70年代末的改革开放，开启了中国对以市场化为取向的改革进程的探索。20世纪八九十年代初，改革开放步伐加速，逐步形成由计划经济体制向市场经济体制转变的改革总体思路和方向。1992年，邓小平强有力地推进了中国的改革开放并开启了中国吸引FDI的新时代。同年10月，中国共产党第十四次全国人民代表大会正式确定了市场经济改革的总体目标是建立社会主义市场经济体制，这标志着中国的市场化改革正式拉开序幕。随着改革开放的逐步推进，国内制度环境发生了较大变化，首先是在经济领域，各项改革措施逐步推行，金融制度、FDI政策、产品与要素市场方面，逐步开放，同时，在政治领域也进行了各项改革，政府审批制度、公共服务的改革。

但是，由于从计划经济体制向市场经济体制转型是一项十分复杂的系统工程，始终面临着权力、利益与风险的重新调整与定位。因此，中国政府选择的是渐进式的改革，即改革逐步从局部开始，先试点后推广，由此改革不可避免地从一开始就显示出较大的地区非均衡性。同时，由于政府长期主导经济并进行积极的经济干预，中国的制度改革进程比较缓慢。因此，尽管改革开放进行了30多年，但由于长期以来的政府干预，我国经济运行体系之中仍存在着诸多制度性缺陷。其中，由于地方保护盛行而导致的严重市场分割就是其中最主要的制度问题之一。长期不完善的制度环境严重影响了中国的FDI流入特征。

这一部分我们主要回顾转型时期中国外资政策的发展历程以及由此产生的FDI流入变化。同时，考察改革开放以来中国的制度转型以及这一时期国内主要制度环境，因为它深刻影响着中国 FDI 的流入特征。本章主要从国内制度的以下几个方面进行阐述：市场化程度、金融制度、法律制度完善程度、关于 FDI 的政策；政府效率与公正透明程度；产权保护力度；各地区政府间竞争程度。这些方面最能反映中国改革开放的进程，并且对改革开放以来中国的 FDI 流入产生了深刻影响。之后，我们将考察中国 FDI 主要特征以及 FDI 发展趋势。

3.1.2　制度转型与中国 FDI 政策演进

3.1.2.1　中国 FDI 政策的演进历程

改革开放以来，中国巨大的 FDI 流入不能离开国内的 FDI 政策来讨论。吸引 FDI 始终是中国对外开放的一个基本目标，也是中国市场经济改革的一个重要组成部分。自 1978 年以来，中国逐步对国际市场开放，政府逐步建立了相关的 FDI 法律与税收体系，同时，FDI 政策不断演进。这些伴随着 FDI 发展的政策演进大致可以分为以下三个阶段：

（1）第一阶段（1979～1991 年）。这一阶段，中国政府主要致力于改善外国投资的政治与法律环境，维持一个开放、公平的市场环境以鼓励外资进入；同时，逐步设立许多经济特区与开放城市。1979 年，我国颁布了《中华人民共和国中外合资经营企业法》。这是中国在 FDI 领域开放的里程碑，为外国投资者提供了合法的保证与激励，并成为合资企业基本的法律框架。与此同时，1980 年与 1981 年，全国人大分别通过了《中华人民共和国关于中外合资企业所得税法》以及《外国企业所得税法》两部法律。继而在 1986 年，《外国独资企业法》获得通过，外国全资企业被中国政府允许进入中国市场。同年，国务院还颁布了《中华人民共和国关于鼓励外资的条例》与《进一步改善外国投资企业经营条件的通知》，对 FDI 尤其是那些采用先进技术与出口导向型的 FDI 企业，实施了一系列税收减免的刺激政策，这些措施极大地激励了外国投资者来华投资。与此同时，面对许多发展中国家纷纷采取各项激励措施吸引 FDI 流入的激烈竞争，中国政府在 1991 年又通过了新的《关于外资企业与外国公司企业所得税法》，这部法律的出台代替了 1980 年与 1981 年的《中华人民共和国关于中外合资企业法》与《外资企业所得税法》，相比之前的法律，这部法律对 FDI 具有更广泛的激励，为进一步吸引外资起到了重要作用。

在不断加强法律体系建设的同时，中国政府逐步建立了许多开放的经济区域，逐步形成面向沿海的对外开放格局。1980 年，首先开放了深圳、珠海、汕头、厦门 4 个经济特区。1988 年，海南成为第五个经济特区。1984 年，为了吸引外国资本、先进管理与技术，开放了 14 个沿海城市。1986 年，中国成立环渤海经济区，1988 年成立山东半岛经济区。1990 年 6 月，又开放了上海浦东新区。这些地区不仅享受更优惠的各项税收政策（如企业所得税、增值税、进出口关税等），而且拥有更自由的投资与贸易制度。因此，它们在吸引 FDI 以及对中国经济发展的贡献上发挥了非常重要的作用。

这一时期，中国的 FDI 政策与许多对外开放的经济区域在吸引外资以及建设良好的投资环境方面都取得了巨大进步。因此，这一时期中国的 FDI 流量从一个非常低的起步，逐年稳步增长，从 1979 年到 1988 年，累计实际接收 FDI 达 128 亿美元。

（2）第二阶段（1992～2000 年）。1992 年，邓小平"南方谈话"开启了中国 FDI 流入的新时代。同时，中国政府提出了建立社会主义市场经济体制的目标，这给外国投资者很大信心，促进了中国 FDI 的快速发展。这一时期，中国的 FDI 政策也由政府导向逐步转向市场导向。不仅在开放地区进行更大程度的开放，而且在全国逐步推行制度性改革，逐步形成了全方位的开放格局。同时，外资在中国投资的制度环境得到更大改善，中国政府不仅颁布了多部法律保护外国投资者的合法地位，也采用了适合西方投资者更高的制度需求，包括简化流程、制定标准化的规则、放松外汇管制等。与此同时，还加强对外商直接投资领域和区域的政策导向，进一步强化产业政策导向。1995 年 6 月，中国政府颁布了《指导外商投资方向暂行规定》和《外商投资产业指导目录》，将产业目录分为鼓励、允许、限制、禁止四大类，极大地提高了 FDI 政策的透明度。

与此同时，除了改善外商投资的制度软环境外，中国政府也把开放区域进一步扩大到沿边城市、内陆省会城市以及沿长江流域一带区域，对外开放在空间上得到逐级扩散。1992 年，中国对 5 个长江沿岸城市、13 个内陆沿边城市与 18 个省会城市实行沿海开放城市政策，开放的步伐大大加速并不断扩展到中国其他地区。如上海、江苏这些拥有更好制度条件的城市，很受外资欢迎，尤其是来自发达国家的 FDI。1999 年，中国政府实施了西部大开发战略，整个西部地区开始对

FDI 开放。至此，中国的 FDI 在空间上已经全部覆盖东、中、西三个地区，并形成了全方位的空间格局。

全方位的开放格局以及国内投资软环境的较大改善，使得这一时期中国的 FDI 不但在规模上而且在质量上都得到显著提升，使投资结构与模式也发生了较大变化。从历年统计资料我们可以看出，1992 年之后，中国的 FDI 增长迅速。其中，来自美国、日本、欧盟等发达国家的 FDI 增长尤为迅速，其份额达到 FDI 总流量的近 30%。因为这一时期，中国放松了对外汇的管制，来自发达国家的投资者不必担心撤资的种种问题，其在中国的投资信心大增，因此其投资规模增长迅速。但同时相对而言，来自发展中国家的 FDI 显著下降，所占份额从 1992 年的 81.55% 下降到 2000 年的 53.56%。从 1993 年开始，中国已成为发展中国家第一大 FDI 接收国，并且仅次于美国成为世界第二大 FDI 接收国。1998 年，中国吸引 FDI 达到第一个高峰 454.63 亿美元，此后，FDI 在中国一直呈波动性增长。

（3）第三阶段（2001 年至今）。这一阶段，中国的 FDI 继续稳步发展。为解决 FDI 在中国地区分布的严重不平衡，政府外资政策的重点转向进一步提升外资在中西部地区投资以及鼓励外资在高新技术产业投资。2001 年中国加入 WTO，这开启了 FDI 政策发展的新时代。随着中国加入 WTO，中国的外资投资环境得到了极大改善。根据 WTO 规则，中国政府实行了一系列的贸易与投资自由政策，包括：取消各种关于 FDI 的壁垒；取消在关键行业的地理与其他限制；提高外资在通信、保险、零售业的所有权比率；对外资银行实行国民待遇；等等。

这一时期，伴随着中国政府对国内投资环境的继续改善，流入中国的 FDI 在资本来源、产业与行业结构以及区位分布等方面的特征有了新变化。从规模数量上看，2002 年中国的年实际利用 FDI 为 527 亿美元，达到历史新高，并且首次超过美国成为世界第一大 FDI 接收国。自 2008 年全球金融危机以来，中国的 FDI 流入并未受到明显影响，FDI 继续保持波动增长态势。目前，FDI 企业在中国经济中占有极其重要的地位，已成为中国经济的一个重要组成部分。而中国也成为一个对 FDI 高度依赖的国家。同时，历经 40 年的改革开放，中国 FDI 的结构与模式发生了重大改变，这对中国经济产生了巨大影响。

3.1.2.2　中国 FDI 政策的演进特征

通过梳理改革开放以来中国的 FDI 政策发展历程，我们可以看出，中国的 FDI 政策总体而言具有以下五个主要特征：

（1）FDI 政策具有产业促进特征。在改革开放的过程中，中国政府通过利用 FDI 政策来逐步促进工业化进程发展。通过考察中国的 FDI 政策体系，我们发现这其中存在三个重要的政策分支，即"技术寻求""出口促进"与"产业结构升级"。中国政府实施的"技术寻求型"FDI 政策主要来源于部分学者推行的进口替代理论。依据这一政策，中国通过各种途径从外资企业向中国企业进行了大量的技术引进与技术转移。"技术寻求型"FDI 政策主要是加强外资企业满足中国企业对先进技术的迫切需求、提高国内企业技术水平。在 2001 年之前，这一外资政策在中国占主导地位。但是，2001 年中国加入 WTO 之后，这些重要的方法被取消或废除。

与"技术寻求型"政策不同，"出口促进"的 FDI 战略具有更多的前摄性。随着"出口促进"的 FDI 政策推行，许多进入中国的出口导向型外资企业逐步获得较低的税收或获得免税的优惠。那些更倾向出口的企业可以在出口区域享受种种贸易、交易的便利权利。因此，这类 FDI 企业在中国发展迅速，而且长期以来占据重要地位。

中国的 FDI 政策的第三个战略是"产业结构提升"，这一政策契合了当前国内产业结构调整升级与产业纵深发展的现实需求。但是，这一政策仅仅在近些年来才开始提出，其所针对的范围也相对有限，仅仅是针对一些沿海城市。根据这一政策，中国引进 FDI 的主要目的是建立高新技术区，并对一些侨民建立新的商业项目提供补助、促进产业集聚与集群，同时，这一政策也鼓励跨国公司在中国建立研发中心与总部。

（2）中国的 FDI 自由主义政策具有在空间上逐渐扩大特征。这是中国外资政策的第二个特征。随着 FDI 自由主义政策的推行，中国流入外资的目的地已从 20 世纪 80 年代的 4 个经济特区向全部的 14 个沿海城市、长江三角洲、1988 闽南区域，以及 20 世纪 90 年代的一些内陆地区发展。直到 1999 年，中国的整个西部地区开始对 FDI 全面开放，这使得 FDI 在中国的投资目的地发生了较大变化（Catin、Luo and Huffel，2005）。至此，中国形成了全方位的对外开放格局，中国的 FDI 自由主义政策也在空间上得到了最大的推行。

（3）中国的 FDI 管理政策具有分散化特征。综观中国的 FDI 管理政策，一直带有明显的分散化特征。1999 年之后，伴随着 FDI 自由主义政策在空间上的全面推移，中国的 FDI 政策强化了分散化的 FDI 管理，各级地方政府逐步获得了相应的 FDI 管理权限，并且管理权限逐步扩大。为了促进技术型 FDI 项目以及吸引更多的出口导向的投资项目，中国将 FDI 项目分为四类进行管理。根据这样的分类，城市、县一层级政府开始获得更多的批准、管理 FDI 项目的权限。从 1985年开始，地方政府具有批准 FDI 项目的权限，但是项目的金额受到限制，最多是1000 万元的项目。从 2004 年开始，地方政府的批准权限扩大，审批金额上升到1 亿元或者是批准 5000 万元限制性项目。对 FDI 管理的分散化以及管理权限的扩大极大地促进了地方政府招商引资的热情，也推动了 FDI 在中国的快速发展。

（4）中国的 FDI 政策具有明显的激励外资特征。源于传统理论认为 FDI 可以对东道国产生益处，新兴经济体政府如中国将 FDI 置于优先发展地位。通常，他们提供给 FDI 更多的激励——包括投资补贴、更低的税收、税收减免以及进入当地市场的通道（Meyer and Sinani，2009）。为了引进外资，中国政府采取了各项优惠措施，具体体现在其 FDI 政策中。主要是税收方面的企业所得税与关税的优惠、土地优惠、财政补贴等激励措施。不少研究表明，与其他因素如劳动力成本、基础设施、市场规模等相比，税收激励政策对最初的外国投资决定影响有限（Barlow and Wender，1955；Aharoni，1966；Root and Ahmed，1978；Lim，1983）。但是在进入东道国市场后，税收因素对 FDI 的区位选择具有显著影响（Forsyth，1972；Hines，1996）。为了吸引 FDI 流入，从 1992 年到 2008 年，中国采取了双重企业所得税，对外国投资企业给予更低的税率（15%～24%），而对中国国内企业实行更高的税率（33%）。直到 2008 年以后，这种双重税率才被取消，从而使用内外资企业统一的税率（25%）。

2008 年之前，中国对国内的内资企业和外资实行两种不同的税收体制与税收政策，使外资企业可以获得较多的优惠与减免。例如，2008 年之前，对外资激励的第一个激励是，在企业所得税的减免方面，外国投资者可获得 5 年税收减免的激励。第二个激励是，免除进口关税。外资企业中的那些被鼓励的企业，可以免除进口关税以及增值税、消费税以及进口资本品的关税。应该说，2008 年企业所得税统一之前，中国对外资实行了极大的税收优惠，这也极大地推动了外国投资者到中国投资。但是，对内资企业的优惠远不及外资企业的做法在较大程度上损害了中国本土企业家在国内发展的积极性，甚至在实践中产生了一些企业为了获取外资身份从而获得更为优惠的国内待遇而进行的"假外资"行为。除此之外，中国各地的 FDI 政策中还在土地优惠等其他方面给予外资极大激励。

（5）中国在 FDI 政策上具有激烈的地方竞争特征。改革开放以来，为了吸引更多 FDI，各省地方政府一直在利用各种政策来进行竞争。这些政策主要是：企业收入税附加费、土地免费使用或补助、免除其他管理费用。其中，BOT 项目的基础设施建设费尤为受地方官员青睐。同时，为了保证行政运转效率，一些地方政府如宁波政府花费大量时间组织外资，为外企批准程序提供便利。客观上，地方政府的引资竞争极大地促进了中国的 FDI 发展。但是，由于各种原因，各地政府在 FDI 的引资竞争中出现了许多扭曲现象。

尽管从 20 世纪 90 年代以来，中国政府在吸引 FDI 上已取得巨大成功，也由于 FDI 政策，中国政府获得了许多赞誉。然而，通过审视中国的 FDI 政策，我们发现它仍存在许多问题：一是尽管中国在发达国家的许多种类的贸易中已取得巨大的外贸盈余，但是贸易冲突尤其是与美国、欧盟之间在纺织品出口方面的贸易冲突从来没有停止过。二是为了刺激出口，中国中央银行坚持固定汇率；人民币升值带来了中国企业福利的极大下降。中国巨大的贸易盈余伴随着复杂的货币政策，如固定汇率可能导致国内流动性加大，最终导致国内通胀（2007 年、2008年相当明显）。三是正如许多经济学家所言，中国的"FDI 迂回"是中国出口导向型 FDI 政策的负面影响之一。这是由于长期以来中国政府实行的"抑内扬外"政策所致，对外国投资者的税收与财政激励大大超过了对国内企业的激励。为了获得特殊优惠，许多国内企业把资产转移到海外，然后再以外资的身份回国投资。据统计，这部分"迂回投资"所占比率并不小。除此之外，导致地区收入不平等以及地方私人企业贷款困难，这是中国 FDI 政策的另外两个负面影响。

3.1.3 制度转型与中国经济的制度性约束

作为一个转轨国家，尽管实行改革开放以来，中国原有的制度环境得到较大改善，国内经济与投资发展迅速。但相对于 FDI 企业在中国享有诸多优惠政策而言，中国国内企业却始终面临着诸多制度性约束。因此，一方面，中国的 FDI 企业具有先天的优势，尽管它们并不必然比中国本土企业更具竞争力，但由于享有诸多优惠政策与宽松的制度环境，仍可以因为其外资的身份而在中国获得较好的发展。另一方面，由于中国经济的诸多制度性缺陷，国内企业尤其是非国有企业尽管可能具备良好的竞争优势但仍无法获得较好发展。因此，为吸引 FDI 而不断改善的投资软环境与国内经济的制度性缺陷，构成了转型时期中国特色的制度环境。而这种"抑内扬外"的制度环境不仅导致与外资企业相比中国国内企业竞争能力普遍不足，也成为影响中国 FDI 流入特征的重要因素。

总的来说，转型时期，中国经济社会存在多种制度约束，主要表现在金融体制与制度不完善、法律与产权制度不健全、市场分割严重、政府激励制度约束等方面。一系列的制度性问题一方面促使 FDI 大量流入中国，另一方面也造成流入中国的 FDI 在结构、类型与质量上存在诸多的问题，且与许多经济发展水平相似国家流入的 FDI 存在较大差异。

3.1.3.1　金融体制不完善

20 世纪 90 年代中期以来，中国的资金不再成为缺口，但 FDI 在中国仍较大程度地承担着弥补资金的作用，这主要是由中国经济制度的不完善所致。因为中国金融资源的分配严格遵循"政治主从次序"而非"经济主从次序"，绝大多数资金被现有体制分配给国有经济部门，而非国有经济部门融资非常困难。因此，FDI 正好迎合了中国广大非国有经济部门的需求，提供了融资的需求。在这样的背景中，许多流入中国的 FDI 企业本身并不比中国国内企业强大，只是其拥有自由的制度与资金支持，它们与国内企业之间形成逆向选择。

在中国，金融体制不完善集中表现为金融体系不健全、缺乏完善的金融中介、金融资源配置的政治性主从次序等。一方面，严格的金融市场进入壁垒抑制了金融中介健康发展并造成市场融资渠道单一，大量金融资源无法得到有效整合。另一方面，金融资源严格按照企业的政治主从次序进行配置，无效率的国有经济部门处在政治主从次序的顶部，它们垄断了大部分金融资源；而经济效率更高的私人企业则处在政治主从次序的底端，融资十分困难。同时，国有银行主导的信贷体制和利率管制政策加剧了金融资源配置的错位。造成这种状况的一个重要原因是中国的国有银行较多地承担了政治性目标。为了规避风险，它们往往选择为那些受到政府保护的国有经济部门提供金融支持，而国内的非国有经济部门则往往被排除在外。因此，对于大多数发展中国家而言，FDI 是缓解信用约束的一个途径，而中国并不缺乏储蓄，只是金融体制扭曲、金融配给体系无效率导致 FDI 承担着更大程度金融媒介与信用中介功能（罗长远等，2011）。

3.1.3.2 市场分割严重

改革开放以来，市场的条块分割成为中国特色经济制度的一个显著特征。市场分割是指为了地方利益通过行政手段限制外地资源进入本地市场或限制本地资源流向外地的行为，它开始于 20 世纪 80 年代初中国实行的"放权让利"与行政性分权。20 世纪 90 年代中期之后，中国全面实行财政分权体制，但由于缺乏配套制度加剧了市场分割程度。在经济的条块分割下，中国的地方保护主义盛行，一体化市场的健康发展受到严重阻碍，资本与要素市场无法在各地区之间进行有效整合，国内企业进行跨区投资发展的交易成本十分高昂。其结果是：一方面，国内企业无法发挥其应有的市场竞争力；另一方面，经济运行机制产生偏差，社会资源无法实现最优配置，国内企业规模经济难以实现。与此相反，外资企业则由于享受各项优惠政策，发展基本不受中国国内市场分割的影响，跨区域投资成为外资"独享的盛宴"[①]。因此，在中国经济的条块分割体制下，与外资企业相比，国内企业普遍缺乏竞争力。但中国独特的经济条块分割也导致外资在中国的投资成本大增，并因此而形成对 FDI 在中国发展的许多负面影响。研究者 Young（2000）、Bai 等（2004）、Amiti 和 Javorcki（2005）指出，长期以来中国的地区保护盛行，地方政府人为设置障碍，导致中国地区经济碎片化严重，而地区经济碎片化直接导致 FDI 碎片化。黄亚生（2005）的案例研究也表明，由于中国市场的严重分割，外资企业经常被迫在不同区域投资，以此获得中间产品和消费端。

事实上，与许多发展中国家相比，中国市场具有自身独特的巨大优势，即存在一个异质性的大型国内市场。而一个一体化的国内市场对一个国家经济发展以及外资进入具有非常重要的影响。它可以通过大大降低外资企业进入中国的投资成本与生产成本，提高外资企业利润从而吸引外资流入；同时也是培育真正具有

---

① 之所以称之为"独享的盛宴"，主要是因为外资可以通过跨区域投资来跨过市场壁垒、扩大市场规模而获得更多垄断利润与规模经济收益，而这些国内企业很难做到。

竞争力的国内企业的良好训练基地，企业将被迫进行创新以适应严格多变的市场环境从而极大地激发企业自身的健康发展。但是对中国而言，长期以来严重的市场以多种方式降低了中国市场的独特优势，并将一个多样化的大型市场人为地划分为众多小型的同质条块市场。在这样的制度环境下，国内企业发展长期停留在较低水平，同时进入中国的外资质量受到严重影响。国内市场竞争的质量很低，企业力争得到地区性的垄断租金而不是获得真实的竞争力（波特，1990）。

3.1.3.3　政府激励制度偏差

改革开放以来，随着政治体制与政治制度的不断完善，我国逐步形成了一套较为完整的地方政府激励制度。20 世纪 80 年代初开始实行的行政分权及以财政包干为核心的财政分权尤其是 20 世纪 90 年代中期以来实行的分税制改革，使得中央对地方政府的考核由过去单纯的政治指标逐步转向以经济绩效指标为主，形成地方政府官员激励考核的"政治锦标赛制度"，即以各种具体可测指标如财政收入、GDP、税收等来考察官员的政绩（周黎安，2007）。这种激励机制一方面极大地调动了地方政府维护市场、发展地方经济的积极性，对政府官员产生强有力的激励，形成"为晋升而竞争"从而创造了中国的"增长奇迹"。另一方面由于制度本身以及其他方面因素，"为晋升而竞争"的激励制度逐渐发生偏差。为追求 GDP 及相关经济指标，地方政府之间的相互恶性竞争层出不穷并且愈演愈烈，政府行为越来越倾向阻碍市场而不是保护市场，重复建设与地方保护主义盛行。

事实上，政府激励制度的偏差源于政治集权和财政分权。政治上的集权意味着地方官员的晋升在很大程度上由中央决定，而晋升则主要依据地方经济绩效。因此，在财政分权的体制下，地方官员为了晋升而热衷于 GDP 及其他经济指标成为必然。地方政府行为表现出更多的"掠夺之手"而不是"扶持之手"的特征。在招商引资的过程中，改革开放以来，中国实行了以经济绩效为主的政府考核机制并取得了一定成效。但随着改革的深入加之实践操作中制度设计不完善，政府激励机制逐渐出现偏差。尽管现实中以 GDP 为核心的"政治锦标赛"客观上促使地方政府"为晋升而竞争"，创造了一定的经济奇迹，但引发了严重的过度竞争与恶性竞争。为追求 GDP，中国的地方政府竞相展开财政、金融、土地等各项优惠政策吸引 FDI，过度的招商引资竞争极大地提高了引资的交易成本，这不但造成重复建设与环境污染，而且影响了国内企业竞争力和实际的引资效果。

3.1.3.4　法律与产权保护制度不健全

良好的法律与产权制度在一国经济中起着非常重要的作用，它可以通过对投资与创新行为的激励而间接促进经济增长。反之，差的产权与法律制度则阻碍经济增长。Javorcik（2004）认为，那些提供更好的产权保护的国家将从跨国公司中获取更多的益处，因为它们能吸引技术含量更高的 FDI，以及它们也更可能鼓励跨国公司在当地开展研发活动（Nunnenkamp and Spatz，2004）。相比过去 30 多年的经济高速增长，中国在法律与产权保护方面的制度实施低于世界平均水平。

在中国，法律与产权保护不健全是现有经济制度性存在严重约束的又一个突出表现。由于中国存在明显的"政治主从性"制度，一方面，国内企业按照政治主从次序来获取法律与产权保护。处在政治主从次序底部的民营经济部门，由于普遍缺乏完整的政治、司法合法性，产权不安全性问题经常出现；另一方面，国内 FDI 政策长期以来普遍存在"抑内扬外"的偏差，对外资企业的法律保护往往大大优于国内私人企业，甚至优于国有企业。因此，对于国内民营企业而言，在生存与发展受到极大不确定的情况下，为寻求政治、法律保护并获取生存与发展空间，寻求 FDI 似乎成为一种合理保护，国内民营企业往往具有强烈的 FDI 偏好。尽管外资在中国受到较国内企业更好的法律保护，但法律与产权保护制度的不健全仍对流入中国的 FDI 来源国结构、资本与知识密集型 FDI 等产生了较大负面影响，抑制了更多欧美国家的 FDI 流入。

3.2　转型制度环境下中国 FDI 的流入特征

转轨时期，国内经济制度环境以及中国 FDI 政策的演进对流入中国的 FDI 产生重要影响。对于中国的 FDI 而言，国内经济制度的缺陷在很大程度上影响着 FDI 的进入模式与类型结构。黄亚生（2003）指出，中国的"政治主从次序"在决定 FDI 模式中具有重要影响。由于国企在市场进入、下属机构、银行贷款以及总的政治与法律保护方面拥有超过外企与国内其他企业的特权，一方面，在国企控制严重的行业，不平等的条款对 FDI 进入产生阻碍；另一方面，在国企享有预算软约束或当地私人企业受预算限制严重的行业，FDI 通过合资或其他类似途径进入的程度更高。通过与享有预算软约束的国有企业合资，外资企业可以获得优惠的条款，而采取其他方式则无法获得。受制于严重的预算限制，为了获得发展机会，当地私企往往牺牲平等以寻求与外企的合资。与此同时，中国长期实行的双重税收体制，即外资企业与国内企业适用不同的规制与所得税法也对 FDI 产生重要影响。在许多重要的领域，适用于外资企业的法律与规章制度更优惠，比国内企业尤其是国内私人企业要优越。在这样的环境下，大量流入中国的 FDI，其类型结构具有非典型特征。

转型时期，中国特色的制度环境成为影响 FDI 流入特征的重要因素。一方面，改革开放以来，中国对外资积极欢迎并逐步改善吸引外资的制度软环境，FDI 大量流入中国；另一方面，由于国内经济的制度性扭曲普遍存在，非国有企业深受制度歧视"有能力无资源"，其发展空间非常狭窄，而国有企业虽受制度保护但"有资源无能力"。因此，无论是国有企业还是非国有企业普遍对 FDI 存在旺盛需求。在两种制度环境的相互作用下，改革开放以来虽然吸引 FDI 在数量上取得了巨大成就，但就 FDI 质量而言仍存在诸多问题，中国流入的 FDI 在规模、结构与类型、分布等方面也表现出与许多发展中国家情况迥异的典型性特征。

当然，影响转型时期中国 FDI 流入特征的因素存在许多，本章主要从制度环境这一视角进行探讨。我们认为，制度环境是中国 FDI 类型、结构与模式不断演进的重要因素。其中，直接的制度因素是中国的 FDI 政策；间接的制度因素是中国国内独特的经济制度环境，它是中国 FDI 呈现出典型性特征的深层次因素。

3.2.1　FDI 流入的总体规模与发展趋势

自改革开放尤其是 1992 年以后，中国的 FDI 经历了巨大发展。1978 年，中国开始实行改革开放，并向世界打开大门。自此，吸引 FDI 成为中国开放以及改革进程中的重要目标。为了吸引 FDI 流入，中国政府不断调整 FDI 政策，改善外商投资环境，创造了吸引 FDI 的辉煌历史。在过去的 30 多年时间里，中国的 FDI 流入额已从 20 世纪 70 年代末的 0 亿美元发展到 2010 年的 1057 亿美元。然而，在 1979 ~

2010 年的 FDI 总量中，绝大部分是 1992 年以后流入的，占到总流量的近95%。

　　尽管早在20世纪80年代初中国政府就采取了许多优惠措施鼓励外资流入，但由于投资软环境不完善、中国的政策与产权制度不明晰以及外国投资者投资信心不足等因素，这一时期中国的 FDI 规模增长不快：1979～1989年，中国实际利用 FDI 流量累计仅为162亿美元，年平均流量不足16亿美元。1992年，邓小平"南方谈话"开启了 FDI 在中国发展的新时代。同年10月，党的十四次全国人民代表大会确定中国市场经济改革的目标是建立社会主义市场经济体制，这极大地稳定了外国投资者的投资信心。同时，中国政府不断向外资开放新的区域并实行进一步的开放政策。因此，1992年之后中国的 FDI 流入规模发展迅速，1998年 FDI 达到第一个高峰，为454.63亿美元。但1998年亚洲金融危机之后略有下降，此后，FDI 流入呈波动性增长。2001年中国加入 WTO，重新推动了 FDI 快速增长。2002年，中国实际利用 FDI 达到527亿美元，首次超过美国并成为世界第一大 FDI 接收国。尽管2008年全球金融危机之后，中国的 FDI 又有一个暂时下降，但是之后 FDI 在中国继续保持稳步增长态势。截至2011年，中国吸收 FDI 规模达到1239.85亿美元，较2010年增长17.21%。目前，中国稳步保持着全球第二大 FDI 接收国地位，占所有发展中国家总 FDI 流量的25%～30%。图3-1、图3-2与表3-1显示了1979～2011年中国流入的 FDI 总体规模与变化趋势。

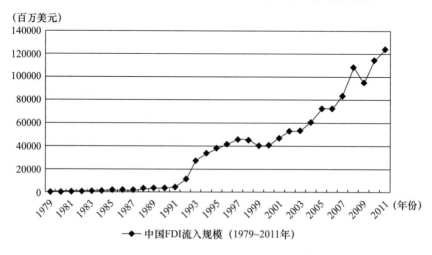

图3-1　中国实际利用 FDI 总体规模变化（1979～2011年）

数据来源：《中国统计年鉴》（1979～2010）。

从图 3-1 我们可以看出，改革开放以来中国实际利用 FDI 总体呈稳步增长趋势，尤其是 1992 年邓小平"南方谈话"并加强外资政策之后中国 FDI 迅猛发展。1998 年，FDI 达到第一个高峰，为 454.63 亿美元，为此后，FDI 流入呈波动性增长。但从整体走势来看，中国的 FDI 规模只是在两次金融危机即 1997 年亚洲金融危机与 2008 年世界金融危机之后才出现短暂下降，其他年份都保持增长态势。

表 3-1　中国外商直接投资概况（1979～2011 年）

年　份	合同 FDI 项目数	合同 FDI 金额（亿美元）	实际 FDI 金额（亿美元）	实际 FDI 增长率（%）
1979～1984	3724	97.50	41.04	—
1985	3073	63.33	19.56	—
1986	1498	33.30	22.44	14.72
1987	2233	37.09	23.14	3.12
1988	5945	52.97	31.94	38.03
1989	5779	56.00	33.92	6.20
1990	7273	65.96	34.87	2.80
1991	12978	119.77	43.66	25.21
1992	48764	581.24	110.08	152.13
1993	83437	1114.36	275.15	149.95
1994	47549	826.80	337.67	22.72
1995	37011	912.82	375.21	11.12
1996	24556	732.76	417.26	11.21
1997	21001	510.03	452.57	8.46
1998	19799	521.02	454.63	0.46
1999	16918	412.23	403.19	-11.31
2000	22347	623.80	407.15	0.98
2001	26140	691.95	468.78	15.14
2002	34171	827.68	527.43	12.51
2003	41081	1150.69	535.05	1.44
2004	43664	1534.79	606.30	13.32
2005	44001	1890.65	724.06	19.47
2006	41473	1937.27	727.15	0.42

续表

年 份	合同 FDI 项目数	合同 FDI 金额（亿美元）	实际 FDI 金额（亿美元）	实际 FDI 增长率（%）
2007	37871	—	835. 21	13. 54
2008	27514	—	1083. 12	17. 71
2009	23435	—	950	− 12. 28
2010	27406	—	1057. 35	11. 26
2011		—	1239. 85	17. 21
1979 ~ 2010 总计	710641	—	10483. 81	—

数据来源：根据《中国统计年鉴》（2012）、UNCTAD 数据整理。

　　从表 3 – 1 我们可以看出，改革开放以来尤其是 1992 年之后，中国的合同利用 FDI 规模及数量、实际利用 FDI 规模都得到了显著增长。在短短 30 多年的时间里，中国的实际利用 FDI 规模从一个非常低的起步发展到 2011 年的 1239.85 亿美元，增长非常迅速。根据计算，1990 ~ 2011 年中国的实际利用 FDI 年平均增长率达到近 23%。其中，2008 年吸引 FDI 首次超过 1000 亿美元。2008 年金融危机之后，世界主要国家 FDI 流入普遍出现显著下滑，但中国的 FDI 只是出现短暂下降之后仍保持稳步增长态势。

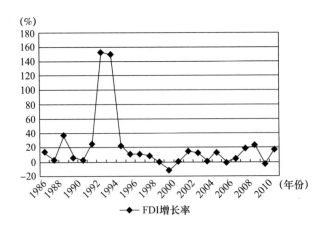

图 3 – 2　中国历年 FDI 增长率（1986 ~ 2010 年）

数据来源：根据《中国统计年鉴》（2011）整理而成。

从图 3 - 2 中国历年 FDI 增长情况来看，1992 年、1993 年的 FDI 增长率达到顶峰，这主要是因为 1992 年中国确定了建立社会主义市场经济体制的改革目标并实行了更全面的开放政策，极大地促进了外国投资者在华投资。之后 FDI 增长虽然迅速下降但总体仍保持波动增长趋势。根据计算，1990 ~ 2010 年中国的实际利用 FDI 年平均增长率达到近 23%。1997 年亚洲金融危机与 2008 年世界金融危机之后出现了短暂的 FDI 增长率为负。

改革开放以来，中国流入的 FDI 规模一直持续稳步增长。从 FDI 的绝对规模来看，中国在发展中国家乃至整个世界占据重要地位，中国也由此获得了令人瞩目的国际声誉。据统计，从 1993 年起中国吸引 FDI 规模已连续近 20 年保持发展中国家第一，并且在 2002 年首次超过美国成为世界第一大 FDI 接收国。目前，中国比较稳定地保持着世界第二大 FDI 接收国的地位。

关于中国的 FDI 流入——学界普遍认为，除了政府优惠的税收激励以及其他促进政策之外，中国快速的经济发展以及不断增长的市场潜力、低劳动成本以及基础设施的改善等因素也极大地促进了 FDI 流入的发展。然而，关于中国的 FDI 规模学术界却存在以下两种观点：一种观点认为中国的 FDI 规模是正常的，是改革开放以来中国经济发展与对外开放程度加大的正常结果，中国并不存在所谓的外资依赖（陶志钢等，2007）；另一种观点则对中国 FDI 的巨大规模表示担忧，认为中国已经患上了比较严重的"外资依赖症"（黄亚生，2005；张宇，2008）。如学者黄亚生（2005）指出，转型时期由于国内体制与制度约束，民营企业深受制度歧视"有能力无资源"，国有企业虽受制度保护但"有资源无能力"，因此导致 FDI 大量流入，中国经济表现出强烈的外资依赖，相对于现有吸收能力而言，FDI 规模过大。

那么，中国的 FDI 规模是过大还是中国经济发展水平提高与改革开放进程加速的正常反映呢？中国是否存在"外资依赖"？也就是说是否因为中国特殊的制度环境而导致了中国与其他发展中国家甚至是发达国家不一样的外资流入特征呢？对于诸如此类的问题，我们需要从绝对规模与相对规模两个方面对中国的 FDI 进行国际比较，并从中找到答案，以更好地从全球的角度（或者发展中国家的角度）来分析中国的外资依赖程度和特征。

（1）FDI 绝对规模比较。改革开放尤其是 1992 年实行全面开放政策以来，中国经济增长迅速，由此也带来了中国 FDI 规模的高速增长。图 3 - 3 我们对巴西、印度、墨西哥等几个与中国经济发展水平类似的国家 1980～2010 年的 FDI 规模进行比较。20 世纪 80 年代以来巴西、印度、墨西哥、马来西亚、韩国等发展中国家的经济增长与中国一样同样迅速，因此，我们选择这几个国家作为参照以考察中国流入的 FDI 规模。

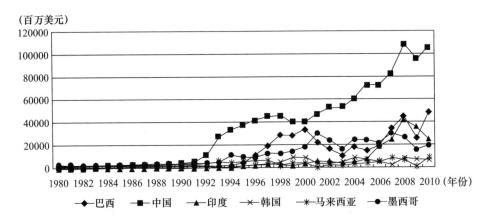

图 3－3　世界主要发展中国家 FDI 流入规模（1980～2010 年）

注：图 3－3 为中国与世界其他发展中国家的 FDI 流入规模比较。

数据来源：UNCTAD。

表 3－2　主要新兴国家 FDI 流入占世界总 FDI 百分比（1992～2011 年）　单位：%

国家 年份	巴西	印度	中国	俄罗斯
1992	1. 242	0. 152	6. 636	0. 700
1993	0. 578	0. 238	12. 321	0. 542
1994	0. 840	0. 380	13. 190	0. 269
1995	1. 285	0. 627	10. 945	0. 603
1996	2. 761	0. 646	10. 674	0. 660
1997	3. 893	0. 742	9. 277	0. 997
1998	4. 086	0. 373	6. 437	0. 391
1999	2. 618	0. 199	3. 694	0. 303
2000	2. 340	0. 256	2. 907	0. 194
2001	2. 713	0. 662	5. 664	0. 332
2002	2. 642	0. 896	8. 399	0. 551
2003	1. 728	0. 736	9. 116	1. 356
2004	2. 438	0. 776	8. 146	2. 030

续表

年份 \ 国家	巴西	印度	中国	俄罗斯
2005	1.536	0.777	7.383	1.314
2006	1.286	1.389	4.969	2.030
2007	1.751	1.291	4.228	2.788
2008	2.516	2.424	6.049	4.188
2009	2.166	2.972	7.931	3.047
2010	3.706	1.846	8.765	3.307
2011	4.373	2.070	8.133	3.469

数据来源：UNCTAD。

从图 3 - 3 我们可以看出，自 1992 年实行全面开放政策以来，中国的 FDI 流入规模大幅增长，并远远超过其他国家。尽管中国与巴西、印度、墨西哥等几个国家的经济发展水平类似，但是从吸引 FDI 的绝对规模来看，中国明显高于其他国家。当然，要判断中国的 FDI 规模是否与中国的经济发展水平相适应，我们需要将中国与世界其他国家进行全面的国际比较。

表 3 - 2 我们对几个新兴国家的 FDI 流入情况进行了比较。近年来，巴西、俄罗斯、印度、中国这四个新兴市场国家在世界经济舞台上由于表现突出而受到世界高度关注，它们也由此获得了"金砖四国"（BRIC）的美誉。由于新兴经济体之间在宏观经济与制度环境以及区位优势等方面具有更为类似的特征，因此，将中国与这些国家进行比较能够给我们提供更有力的证明。

从表 3 - 2 我们可以看出，1992 年之后 FDI 大规模流入中国，流入中国的 FDI 占世界总 FDI 中的百分比显著高于其他新兴经济国家。尤其是 1994 年达到顶峰，之后虽然呈下降趋势，但就总体而言，中国的 FDI 在世界总 FDI 中占比仍在世界占举足轻重的地位。目前，中国仅次于美国成为世界第二大 FDI 接收国，流入的 FDI 占世界总流量的比重保持在 8% 以上。

（2）FDI 相对规模比较。学术界普遍认为，衡量一国的 FDI 规模是否适合，应与该国的经济规模进行衡量，主要看它是否与该国经济发展水平与吸收能力相适应。尽管 FDI 绝对规模从某种程度上反映了中国 FDI 流入特征的一部分，但这一指标并不能说明所有的问题，它无法对中国的 FDI 规模是否正常做出合理判断,也无法回答中国是否存在严重的外资依赖。因此,采用 FDI 相对规模指标更能说明问题。为了全面考察中国 FDI 的相对规模以及中国对外资的依赖程度,我们需要从国际比较的视角出发,并对中国与世界其他主要国家的 FDI 依赖程度进行对照,从而对中国的 FDI 状况做出较为准确的判断。

在现有文献中,考察 FDI 相对规模的指标主要有:人均 FDI 规模、FDI/GDP 比率、FDI/总固定资产投资比率、FDI 存量/GDP 比率、FDI/总进出口贸易比率等。这些指标也经常被用来衡量一国经济中 FDI 所占的比重与地位,即一国对 FDI 的依赖程度(以下简称为"FDI 依赖度")。本书中,我们采用 FDI/GDP 比率、FDI/总固定资产投资比率这两个指标来考察各国 FDI 依赖度。

在样本的选择上,我们主要选择了三个具有代表性的国家与地区:一是以"金砖四国"为代表的主要新兴国家的 FDI 依赖度,如表 3-3 所示。由于"金砖四国"在经济发展水平、宏观经济环境等方面具有相似性,因此,对这四国的 FDI 依赖度进行对比能更好地说明中国的 FDI 问题。二是亚洲主要国家与地区的 FDI 依赖度,如表 3-4 所示。由于中国与东亚、东南亚各主要国家与地区在地理位置、文化与制度等方面具有较多相似性,因此,比照分析具有必要性。三是主要发达国家的 FDI 依赖度,如表 3-5 所示。由于目前中国已成为世界第二大经济体与第二大 FDI 接收国,比照主要发达国家的 FDI 依赖度我们可以发现中国的 FDI 现状。在样本时间的选择上,我们将中国与其他国家与地区 1992~2011年的 FDI 依赖度进行对照。1992 年之后,中国开启了全面的改革开放并由此带动中国经济长期高速增长以及中国 FDI 的持续发展。因此,选择这个时间段可以更清楚地了解中国对 FDI 的依赖情况。

表 3-3 主要新兴国家 FDI 依赖度比较(1992~2011 年)

年份\国家	主要新兴国家 FDI 依赖度比较							
	FDI/GDP 比率				FDI/总固定资本形成比率			
	巴西	俄罗斯	印度	中国	巴西	俄罗斯	印度	中国
1992	0.58	0.25	0.09	2.20	3.50	1.05	0.36	7.13
1993	0.32	0.29	0.19	4.29	1.87	1.45	0.81	11.91
1994	0.37	0.17	0.30	5.80	2.03	0.79	1.27	16.81

续表

年份 / 国家	主要新兴国家 FDI 依赖度比较							
	FDI/GDP 比率				FDI/总固定资本形成比率			
	巴西	俄罗斯	印度	中国	巴西	俄罗斯	印度	中国
1995	0.57	0.52	0.58	4.96	3.13	2.45	2.23	15.00
1996	1.29	0.66	0.65	4.68	7.62	3.28	2.65	14.43
1997	2.18	1.20	0.86	4.59	12.55	6.55	3.68	14.45
1998	3.42	1.02	0.62	4.35	20.15	6.30	2.68	13.17
1999	4.87	1.69	0.48	3.66	31.09	11.73	1.98	10.93
2000	5.08	1.05	0.77	3.41	30.26	6.19	3.27	9.96
2001	4.05	0.90	1.13	3.56	23.79	4.74	4.68	10.28
2002	3.28	1.00	1.11	3.62	20.01	5.59	4.57	10.01
2003	1.84	1.85	0.73	3.24	12.02	10.03	2.83	8.28
2004	2.73	2.61	0.81	3.12	16.98	14.19	2.69	7.71
2005	1.71	1.69	0.91	3.17	10.72	9.48	2.89	7.99
2006	1.73	3.00	2.14	2.61	10.52	16.19	6.61	6.59
2007	2.53	4.24	2.11	2.39	14.51	20.14	6.22	6.11
2008	2.73	4.52	3.38	2.39	14.26	20.26	10.15	5.88
2009	1.63	2.99	2.63	1.88	9.61	13.58	8.09	4.14
2010	2.32	2.93	1.40	2.00	12.59	13.35	4.46	4.26
2011	2.76	2.87	1.62	1.76	—	—	—	—

数据来源：根据 UNCTAD 数据整理。

表 3 - 4　亚洲主要国家与地区 FDI 依赖度比较（1992～2011 年）

年份 / 经济体	亚洲主要国家与地区 FDI 依赖度比较							
	FDI/GDP 比率							
	韩国	中国香港	中国台湾	新加坡	马来西亚	泰国	印度尼西亚	菲律宾
1992	0.17	3.74	0.40	4.24	8.36	1.93	1.18	1.32
1993	0.15	5.78	0.40	7.75	8.26	1.44	1.15	2.06
1994	0.18	5.78	0.54	11.68	5.92	0.95	1.13	2.24
1995	0.24	4.31	0.57	13.72	6.30	1.23	1.99	1.78
1996	0.35	6.58	0.65	12.0	6.97	1.28	2.50	1.66
1997	0.50	6.45	0.75	15.81	6.08	2.57	1.99	1.37

续表

经济体 / 年份	亚洲主要国家与地区 FDI 依赖度比较							
	FDI/GDP 比率							
	韩国	中国香港	中国台湾	新加坡	马来西亚	泰国	印度尼西亚	菲律宾
1998	1.42	8.85	0.08	7.01	3.62	6.70	− 0.20	2.42
1999	2.14	15.15	0.98	22.21	4.74	4.98	− 1.19	1.50
2000	1.69	36.62	1.51	16.45	4.04	2.78	− 2.72	2.76
2001	0.81	14.27	1.40	19.39	0.60	4.39	− 1.82	0.26
2002	0.59	5.91	0.48	6.79	3.18	2.64	0.12	1.90
2003	0.68	8.61	0.15	17.77	2.24	3.66	− 0.22	0.59
2004	1.25	20.52	0.56	21.64	3.71	3.63	0.74	0.75
2005	0.84	18.91	0.45	14.42	2.95	4.57	2.92	1.80
2006	0.51	23.72	1.97	25.25	3.87	4.59	1.35	2.39
2007	0.25	26.24	1.98	26.46	4.60	4.60	1.60	1.95
2008	0.90	27.68	1.36	6.23	3.22	3.10	1.83	0.89
2009	0.90	25.03	0.74	13.32	0.75	1.84	0.90	1.17
2010	0.84	31.66	0.58	21.84	3.83	3.05	1.95	0.65
2011	0.42	34.13	− 0.42	25.15	4.29	2.77	2.33	0.56

经济体 / 年份	亚洲主要国家与地区 FDI 依赖度比较							
	FDI/总固定资本形成比率							
	韩国	中国香港	中国台湾	新加坡	马来西亚	泰国	印度尼西亚	菲律宾
1992	0.47	13.83	1.59	12.35	23.08	4.92	5.01	5.70
1993	0.41	21.49	1.51	22.86	21.49	3.65	4.81	7.80
1994	0.51	19.79	2.11	35.65	14.87	2.37	4.49	8.56
1995	0.66	14.38	2.18	42.12	14.62	3.00	7.68	7.22
1996	0.96	21.38	2.72	32.36	16.57	3.13	9.27	6.38
1997	1.43	19.48	3.12	42.22	14.25	7.62	7.73	5.06
1998	4.84	29.42	0.32	19.15	13.64	29.93	− 0.85	10.36
1999	7.47	58.61	4.01	66.95	21.88	23.91	− 6.38	7.25
2000	5.62	138.92	6.10	54.33	15.97	12.65	− 13.67	12.51
2001	2.81	55.68	6.83	64.37	2.38	19.08	− 9.23	1.23
2002	2.06	26.40	2.43	26.65	13.53	11.60	0.61	9.22

续表

年份\经济体	亚洲主要国家与地区 FDI 依赖度比较							
	FDI/总固定资本形成比率							
	韩国	中国香港	中国台湾	新加坡	马来西亚	泰国	印度尼西亚	菲律宾
2003	2.32	40.64	0.74	75.34	10.01	15.21	-1.10	2.83
2004	4.27	96.38	2.45	93.69	17.69	14.01	3.29	3.70
2005	2.89	90.43	1.98	68.25	14.36	15.83	12.33	9.04
2006	1.79	108.49	8.85	115.13	18.65	16.33	5.59	11.88
2007	0.88	130.30	8.98	112.14	21.35	17.43	6.42	9.81
2008	3.07	138.85	6.43	22.03	16.45	11.30	6.59	4.51
2009	3.12	125.83	3.94	46.51	3.72	7.63	2.91	6.13
2010	2.93	147.40	2.66	87.37	18.84	12.34	6.05	3.17
2011	—	—	—	—	—	—	—	—

数据来源：根据 UNCTAD 数据整理。

　　从表 3-3 中"金砖四国"外资依赖度的总体情况来看，中国一直处于比较靠前的位置。尽管近年来其他三国的 FDI 依赖度在一度提高，但是中国在 1992 年一直到 2005 年左右，中国的外资依赖度一度处于领先位置。近年来才开始相对有所下降。相比较而言，巴西、俄罗斯、印度都是市场经济程度较高的国家，其开放程度较中国更大，而且其私人投资在总投资的比重占有较大比例，因此，单纯从 FDI/固定资产投资比率来看，由于中国的固定资产投资主要是由国有投资引起的，而且国有企业投资不计成本，因此总量很大。尤其是 2008 年政府 4 万亿的刺激计划，使得中国的固定资产投资的总量增长很大。

　　而在中国，总固定资产投资主要是国有经济主导的投资，非国有经济在中国的投资占比非常小。从历年来中国投资情况参照中可以看出，如果使用总固定资产投资可能会误导我们对目前 FDI 占中国投资比例的理解。所以，根据学者黄亚生（2005）的研究，我们认为，使用"FDI/非国有经济投资"占比这一概念能够比较准确地增加我们对中国 FDI 规模的理解。如果使用黄亚生的方法计算，那么中国的 FDI 依赖度将更大。但由于数据的难以获取，我们还是沿用现有文献中的一般方法来计算。

　　从表 3-4 我们可以看出，尽管中国在与这些国家进行比较，其 FDI 依赖度并不显著。但是中国是一个转型国家，长期处于从计划向市场的转型，中国经济不可避免地带有国有化特色。因此，无论是在总固定资本形成中，中国的国有经济占了大部分，只有小部分是非国有经济，事实上，正如许多研究者指出的那样，中国在改革开放 30 多年的时间里，外资规模已经远远超过经济发展实际水平与本国吸收能力。与世界其他国家相比，中国对 FDI 的依赖程度显著超过其现有的经济水平。如表 3 - 4 与表 3 - 5 所示，随着中国经济的增长，中国的外资依赖程度也呈现出较强趋势。

表 3 - 5　部分发达国家 FDI 依赖度比较（1992 ~ 2011 年）

国家\年份	部分发达国家 FDI 依赖度比较													
	FDI/GDP 比率							FDI/总固定资本形成比率						
	美国	英国	法国	德国	日本	加拿大	澳大利亚	美国	英国	法国	德国	日本	加拿大	澳大利亚
1992	0.30	1.42	1.30	-0.10	0.07	0.82	1.50	1.88	8.48	6.70	-0.43	0.24	4.35	6.49
1993	0.76	1.51	1.27	0.02	0.00	0.84	1.65	4.57	9.49	7.01	0.08	0.02	4.66	7.00
1994	0.64	0.87	1.14	0.33	0.02	1.45	1.23	3.71	5.41	6.38	1.47	0.06	7.73	4.94
1995	0.79	1.73	1.50	0.48	0.00	1.57	3.39	4.49	10.44	8.58	2.17	0.00	8.88	14.16
1996	1.08	2.00	1.39	0.27	0.00	1.57	1.07	5.95	12.03	8.04	1.26	0.02	8.76	4.45
1997	1.24	2.45	1.63	0.57	0.08	1.81	1.89	6.70	14.62	9.59	2.69	0.27	9.13	7.59
1998	1.98	5.10	2.11	1.13	0.08	3.70	2.01	10.36	28.62	12.08	5.33	0.32	18.60	8.01
1999	3.03	5.85	3.19	2.63	0.29	3.74	0.56	15.41	33.55	17.42	12.31	1.14	18.90	2.19
2000	3.15	8.04	3.25	10.51	0.18	9.21	3.80	15.75	46.98	17.16	48.88	0.71	48.09	16.53
2001	1.55	3.58	3.76	1.40	0.15	3.87	2.81	8.01	21.23	19.86	6.99	0.62	19.72	11.75
2002	0.70	1.49	3.37	2.67	0.24	3.01	3.44	3.83	8.87	18.44	14.49	1.01	15.44	13.31
2003	0.48	0.90	2.37	1.34	0.15	0.86	1.68	2.62	5.50	12.90	7.50	0.66	4.40	6.36
2004	1.14	2.54	1.58	-0.37	0.17	-0.04	6.23	6.09	15.25	8.44	-2.15	0.75	-0.22	23.26
2005	0.83	7.72	3.97	1.71	0.06	2.27	-3.2	4.25	46.24	20.45	9.90	0.26	10.64	-11.37
2006	1.77	6.39	3.18	1.92	-0.15	4.72	3.78	9.00	37.32	15.81	10.59	-0.64	21.07	13.48
2007	1.54	6.98	3.72	2.41	0.52	8.05	4.59	8.12	39.18	17.73	13.06	2.25	35.47	15.70
2008	2.14	3.47	2.26	0.22	0.50	3.80	4.48	12.04	20.57	10.59	1.20	2.17	16.64	15.84
2009	1.03	3.28	0.92	0.73	0.24	1.60	2.65	6.76	21.78	4.66	4.23	1.12	7.51	9.45
2010	1.36	2.25	1.19	1.43	-0.02	1.48	2.80	9.25	15.04	6.17	8.13	-0.11	6.73	10.20
2011	1.50	2.24	1.47	1.13	-0.03	2.36	2.71	—	—	—	—	—	—	—

数据来源：根据 UNCTAD 数据整理。

表 3 - 5 我们对一些重要的 OECD 国家的 FDI 依赖度情况进行了考察。与中国相比，中国虽然数值上并不具有优势，只是处于中等地位，但是，作为一个转型经济体，同时作为一个大国，中国的依赖度可以和世界上依赖程度最高的国家相媲美。同时，中国的 FDI 度量值与 OECD 国家存在很大差别，中国是以 25% 作为阈值，而 OECD 国家将 FDI 定义为 10% 的阈值。而且由于国有资产在中国总固定资产投资中占据绝对的主导地位，因此，总体而言，与世界各国相比中国的 FDI 依赖度是非常高的，而严重的外资依赖对于国内企业以及中国经济的健康发展是非常不利的。因此，对于中国而言，摆脱外资依赖和转变经济发展方式是硬道理。

3.2.2 中国 FDI 的类型与结构演进

一直以来，中国存在两种典型特征的 FDI：一种是与中国有种族、文化联系的 FDI（主要来自中国香港、中国台湾与中国澳门地区）；另一种是没有种族、文化联系的 FDI（主要来自北美、欧盟国家与日本）。比较而言，具有种族联系的 FDI 在标准化实施与成熟技术应用方面具有明显的所有权优势，而无种族联系的 FDI 主要依赖研发来生产新型的差异化产品（Wei and Liu，2006）。它们通过专利权优势如先进技术、管理技能以及对市场的了解等可以在更低的边际成本上竞争，结果它们更有优势（Buckley et al.，2007）。同时，种族联系型 FDI 可能在大规模生产上经验更少，它们并不拥有与无种族联系型 FDI 竞争者相同水平的组织技能。它们对当地企业的示范效应相对有限，因为它们更不具备先进技术（Davies，1996）。那些在有种族联系型 FDI 工作过的员工，当他们重新在国内企业就业时，将比来自无种族联系型 FDI 带来更少的先进技术与管理经验。可见，这两种不同特征的 FDI 自身优势存在差异。总体而言，在改革开放的进程中，种族联系型 FDI 中所占比重逐步下降，而非种族联系型 FDI 所占比重逐步上升，两者比重的演进对于中国经济以及产业发展产生深刻影响。

在转型时期，在国内特殊制度的环境下，一方面国内企业对 FDI 表现出强烈偏好，另一方面地方政府为吸引外商投资恶性竞争并实行"抑内扬外"政策，导致大量进入中国的 FDI 类型具有非典型性特征：一是 FDI 企业出口导向性过强，在劳动与资源密集型产业中主导地位显著。二是 FDI 来源国以亚洲国家与地区为主，欧美发达国家较少。三是 FDI 项目的平均规模较小，这与 FDI 来源地密切相关。截至 2008 年，按对华投资规模大小的 FDI 来源国（地区）排序依次是：中国香港、日本、美国、中国台湾、韩国等（见图 3-4）。与其他国家相比，流入中国的 FDI 企业以中小企业居多，高技术的大型跨国公司较少，尤其是来自中国香港与中国台湾地区的企业占大多数比率。四是迂回型 FDI 占相当比重。正如许多经济学家所言，FDI 迂回是中国出口导向型 FDI 政策的负面结果之一。这是由于中国政府对外国投资者的税收与财政刺激超过了对国内企业。为了获得特殊优惠，许多国内企业把资产转移到海外，然后再以外资的身份回国投资。除此之外，中国 FDI 政策还产生了另两个负面影响，即地区收入不平等以及地方私人企业贷款困难。

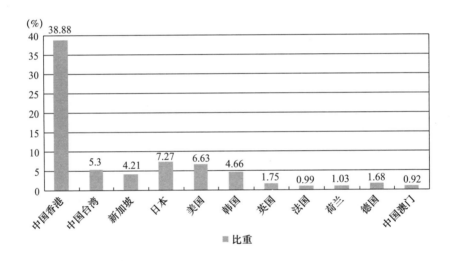

图 3-4　截至 2008 年对华投资前十位国家或地区

数据来源：国家商务部。

与此同时，中国的 FDI 政策演进对于 FDI 流入特征也产生了重要影响。在中国的 FDI 政策体系中，存在以下三种主要政策，即"技术寻求""出口促进""产业结构升级"。在转轨时期的不同阶段，这三种 FDI 政策不断演进。根据国内制度环境的变化以及 FDI 政策的演进，我们将中国 FDI 的类型与结构分三个阶段考察：

第一阶段（改革开放初期至 1991 年），来自发展中国家的 FDI 占绝对主导，流入中国的 FDI 主要是以亚洲为主的发展中国家与地区的劳动密集型 FDI 企业。这一阶段，为了引进外资，弥补我国经济建设中的资本、外汇、技术等缺口，中国政府采取了多项优惠措施并逐步开放一些沿海经济区域鼓励外资进入，尤其是鼓励出口导向型 FDI 企业进入，并实行出口促进型 FDI 政策为主导的外资政策。与此同时，恰逢港澳地区经历产业转型与升级阶段，现实方面需要向外转移大量劳动密集型产业。因此，这一时期我国的 FDI 类型主要表现为以下特征：一是 FDI 企业出口导向性过强，在劳动与资源密集型产业中主导地位显著；二是 FDI 来源国以亚洲国家与地区为主，欧美发达国家较少；三是 FDI 项目的平均规模较小，这与 FDI 来源地密切相关。来自亚洲国家与地区尤其是港澳地区的劳动密集型 FDI 企业占绝对主导地位，而来自发达国家与地区的技术、资本密集型 FDI 企业很少。据统计，1979～1990 年，来自发展中国家的 FDI 占比达到 80% 以上，而中国香港又占绝对的多数。

第二阶段（1992～2000 年），来自发展中国家的 FDI 虽仍占主导，但其比例显著下降，发达国家 FDI 占比开始上升。这一时期，中国国内制度环境发生重大变化，党的十四大确定了建立社会主义市场经济体制的改革目标。同时，20 世纪 90 年代中期开始，中国资本存量和外汇储备已经达到相当规模，储蓄与外汇"两缺口"已不存在。因此，原有的 FDI 政策发生改变，重视技术引进并提出"以市场换技术"的引资政策。"技术寻求型" FDI 政策源于进口替代理论，主要目的是弥补中国市场对技术的需求。在 2001 年之前，这一外资政策占主导，对中国进行了相当长时间的"以市场换技术"的 FDI 政策。这一阶段，流入我国的 FDI 类型与前一阶段比较发生了重要变化：来自发达国家的技术密集型 FDI 企业开始大量流入中国，它们的占比迅速扩大，从 13.55% 增长到 26.64%，而来自发展中国家的 FDI 占比迅速下降，从 81.55% 下降到 53.56%，两种不同来源国的 FDI 之间的占比悬殊逐步缩小，劳动密集型 FDI 与资本、技术密集型 FDI 之间的占比差距也在逐步缩小。

不可否认，"以市场换技术"战略对于缓解中国技术缺口曾起到了较大作用，但是这一政策越来越显示其缺陷：中国在几十年的改革开放中，用巨大的市场换来的并不是先进的技术，而且事实也证明这一政策注定是失败的，不仅丧失了技术，也让中国企业丧失了与外资竞争的能力，从而真正丧失市场。所幸的是，2001 年中国加入 WTO 之后，这些政策被逐步取消或废除。

第三阶段（2001 年至今），国内制度环境的变化以及 FDI 政策的改变，导致不同来源国 FDI 的占比以及中国 FDI 的结构产生明显变化。自 2001 年以来，来自发达国家的 FDI 占比逐步增加，发展中国家 FDI 占比逐步降低；在 FDI 结构中，资本、技术密集型 FDI 占比逐步增加，劳动密集型 FDI 逐步降低。目前，中国正面临着产业结构转换与升级调整的关键时期，中国经济的总体目标是改善经济结构，促进国内产业健康发展。因此，当前与今后很长一段时期，中国引进 FDI 的政策应该以促进国内产业结构的升级调整与健康发展为主导。

3.2.3 中国 FDI 的地区分布与演进

自 1979 年以来，中国推行了渐进式的改革开放战略，即改革开放从东部沿海地区开始，逐步向内陆其他区域推移。在改革开放的进程中，由于国家长期实行差异性政策，东部沿海地区凭借其独特的地理位置优势率先获得对内制度改革对外吸引外资的各项优惠政策，在经济发展、投资环境、基础设施等方面发展迅速。因此，长期以来这些区域在吸引 FDI 上具有其他区域无法比拟的极大优势，进而导致流入中国的 FDI 呈现出一个显著特征：地区分布极不平衡，东部沿海地区流入的 FDI 占绝对优势，中西部地区 FDI 占比很小。改革开放早期，这种不平衡的地区分布差异尤为显著，如表 3-6 所示。

从改革开放之初到 20 世纪 90 年代末，中国大部分流入的 FDI 集中在广东、福建以及上海等沿海地区，内地省份的外资进入很少。而在沿海地区，广东又几乎占到总 FDI 的一半。这主要是因为广东是第一个向海外开放的城市，以及它毗邻香港，具有 FDI 流入非常便利的地理位置。同时，经过多年的改革开放，广东的投资软环境与制度质量已经取得了一定成效。但随着中国改革开放进程的逐步推进，越来越多的内地政府采取各种积极措施鼓励外资进入，FDI 在国内的地区分布发生了许多变化。广东作为 FDI 流入的重要性逐渐下降，而内地一些省份，如江苏、浙江、山东及辽宁逐渐成为 FDI 地区选择的重要区域。表 3-6 和表 3-7 分别显示了 1983～2010 年我国东、中、西部地区 FDI 流入规模，以及 2001～2011 年第一季度全国主要省市实际利用外资在全国的占比变化。

表 3 - 6　1983 ~ 2010 年中国东、中、西地区 FDI 流入规模　单位：亿美元

年份	东部			中部			西部		
	实际FDI	年增长率（％）	占全国比重（％）	实际FDI	年增长率（％）	占全国比重（％）	实际FDI	年增长率（％）	占全国比重（％）
1983 ~ 1986	7.83		88.14	0.51		5.74	0.54		6.12
1987	13.00		86.98	0.38		2.53	1.57		10.49
1988	22.78	75.15	87.09	1.64	332.61	6.26	1.74	10.84	6.65
1989	27.71	21.65	90.61	1.17	-28.36	3.83	1.70	-2.28	5.56
1990	29.45	6.3	92.96	1.12	-4.53	3.53	1.11	-34.56	3.51
1991	38.64	31.19	93.66	1.67	49.48	4.06	0.94	-15.18	2.29
1992	96.24	149.06	89.63	7.21	330.58	6.71	3.93	317.03	3.66
1993	228.19	137.10	84.25	22.96	218.57	8.48	19.71	401.16	7.28
1994	282.72	23.90	85.44	25.59	11.48	7.73	22.57	14.48	6.82
1995	317.94	12.46	86.09	32.72	27.86	8.86	18.64	-17.41	5.05
1996	358.82	12.86	86.52	38.52	17.73	9.29	17.36	-6.88	4.19
1997	376.79	5.01	83.92	47.14	22.38	10.50	25.07	44.44	5.58
1998	386.04	2.45	85.24	43.29	-8.17	9.56	23.54	-6.13	5.20
1999	344.15	-10.85	86.18	36.83	-14.93	9.22	18.37	-21.93	4.60
2000	348.86	1.37	86.44	35.94	-2.40	8.91	18.80	2.35	4.66
2001	403.44	15.64	87.01	41.01	14.10	8.85	19.22	2.22	4.15
2002	454.57	12.68	86.63	50.09	22.13	9.55	20.05	4.32	3.82
2003	453.86	-0.16	85.73	58.31	16.43	11.02	17.23	-14.10	3.25
2004	480.76	5.93	81.45	75.17	28.91	12.74	34.30	99.10	5.81
2005	679.95	41.43	81.67	109.84	46.12	13.19	42.78	24.73	5.14
2006	825.53	21.41	80.30	140.28	27.71	13.65	62.22	45.45	6.05
2007	994.35	20.45	78.10	195.14	39.11	15.33	83.69	34.51	6.57
2008	1151.72	15.83	76.26	257.95	32.19	17.08	100.50	20.09	6.65
2009	1192.79	3.57	74.65	280.46	8.73	17.55	124.65	24.02	7.80
2010	1346.47	12.88	72.03	339.37	21.00	18.15	183.49	47.21	9.82

　　注：东部地区包括北京、天津、河北、辽宁、上海、江苏、浙江、福建、山东、广东、海南11个省市；中部地区包括山西、吉林、黑龙江、安徽、江西、河南、湖北、湖南8省；西部地区包括重庆、四川、贵州、云南、西藏、陕西、甘肃、青海、宁夏、新疆、广西、内蒙古12个省区。

　　数据来源：《中国统计年鉴》（1984 ~ 2010）、《中国对外贸易年鉴》统计数据。

如表 3 - 6 所示，1983 ~ 2010 年我国东部地区实际利用 FDI 一直占据全国总 FDI 的绝大部分，其占比总体呈"倒 U 型"：1991 年以前呈增长趋势，但在 1991 年达到最高点（所占比率为 93. 66% ）之后逐渐呈下降趋势；中西部实际利用 FDI 所占份额总体呈不断增长趋势，但增速缓慢，并且中部地区较西部地区增长更快。截至 2010 年东部地区实际利用 FDI 占总 FDI 的 72% ，中西部地区总共占比不到 30% ，中国的 FDI 分布仍存在较大的地区不平衡。

表 3 - 7　2001 ~ 2011 年一季度主要省市实际使用外资金额所占全国百分比变化

年份	2001	2002	2003	2004	2005	2006	2007	2008	2009	2010	2011
前 10 个省市集中度	84. 9	84. 8	83. 0	85. 2	88. 9	90. 7	87. 6	85. 9	86. 6	86. 4	87. 1
前 2 个省占比	40. 2	40. 8	34. 4	31. 3	36. 2	45. 4	42. 2	41. 8	41. 8	39. 7	37. 5
江苏	14. 8	19. 3	19. 7	14. 8	15. 8	24. 4	22. 3	22. 5	23. 2	23. 8	25. 9
广东	25. 5	21. 5	14. 6	16. 5	20. 5	21. 0	19. 8	19. 3	18. 5	15. 8	11. 6
上海	9. 2	8. 1	10. 2	10. 4	11. 1	10. 3	9. 5	8. 7	8. 8	9. 6	7. 6
辽宁	5. 4	6. 5	5. 3	8. 9	3. 8	3. 0	6. 1	6. 1	8. 1	8. 4	10. 8
浙江	4. 7	5. 8	9. 3	9. 5	8. 6	9. 1	8. 5	7. 5	7. 7	8. 1	7. 4
山东	7. 5	9. 0	11. 2	14. 3	14. 7	8. 4	6. 4	5. 7	4. 6	5. 5	7. 2
北京	3. 8	3. 3	4. 1	4. 2	5. 9	7. 0	6. 8	5. 3	5. 8	5. 1	4. 9
福建	8. 4	7. 3	4. 9	3. 2	3. 4	3. 3	3. 7	5. 0	4. 3	3. 9	5. 1
四川	1. 2	1. 1	0. 8	0. 6	1. 0	1. 1	1. 6	2. 6	2. 2	3. 2	2. 7
天津	4. 6	3. 0	2. 9	2. 8	4. 0	3. 1	2. 9	3. 3	3. 3	3. 0	3. 9
重庆	0. 6	0. 4	0. 5	0. 4	0. 4	0. 5	1. 1	2. 0	3. 0	2. 5	2. 0
江西	0. 8	2. 1	3. 0	3. 4	1. 7	1. 2	1. 7	1. 7	1. 4	1. 6	1. 2
湖南	1. 7	1. 7	1. 9	2. 3	1. 9	1. 2	0. 9	1. 1	1. 0	1. 5	1. 6
河北	1. 4	1. 5	1. 1	1. 2	0. 9	0. 7	1. 2	1. 0	1. 2	1. 4	1. 1
湖北	2. 5	2. 7	2. 9	2. 9	1. 3	0. 6	0. 7	1. 2	0. 9	0. 9	0. 9

数据来源：转引自《中国外商投资报告 2011》，商务部外国投资管理司，商务部投资促进事务局，经济管理出版社，2011 年 8 月，第 13 页。

从表 3 - 7 我们可以看出，2001 年之后中国各省实际利用外资占全国的份额有了较大变化，长三角地区逐渐成为外商直接投资的首选区域。如表 3 - 7 所示，江苏在 2003 年底吸引 FDI 大约占总量的 20%，首次超过广东成为最大的 FDI 接收省份。此后，2006～2011 年一季度期间，江苏一直保持 FDI 接收最大省份地位。这些数据较好地解释了 FDI 地区分布逐步从沿海城市到内陆省份发展的演进趋势。然而，从总体来看（见表 3 - 6），流入中国的大部分 FDI 仍主要分布在东部沿海城市。

那么，究竟是什么因素导致中国 FDI 的这种空间分布格局呢？客观地说，地域特征、改革进程、中国的 FDI 政策以及转轨时期不同地区的制度环境对此产生了重要影响。人们普遍认为，这种情况与中国的 FDI 政策有很大关系（即在 1979～1991 年中国改革开放第一阶段的 FDI 政策）。由于改革进程的不同，国内经济发展、制度环境、市场化程度存在较大的地区性差异，进而导致中国 FDI 的"发散式"分布格局。

3.2.4 中国 FDI 的产业分布与演进

随着 20 世纪八九十年代中国 FDI 的稳步增长，FDI 在中国的投资结构与部门分布较早期开放时期发生了很大变化。这些变化深入到中国经济与产业结构。部门选择是 FDI 决策的一个重要考虑，同时 FDI 在东道国的部门分布也直接影响到东道国产业结构。经典理论认为，进入壁垒和不完全竞争是 FDI 进入的必要条件，FDI 通常集中于具有寡头特征的行业。然而，长期以来，中国的 FDI 分布并非如此。与其他国家 FDI 具有较大的行业集中性不同，制度约束下中国的 FDI 具有行业分散的非典型特征，广泛分布于垄断行业以外的完全竞争性低技术、劳动密集型行业。从产业结构分布看，当前中国的 FDI 主要集中在第二产业，而在一三产业占比很低。同时，在第二产业内部，FDI 又主要集中于出口加工业、传统制造业、中低技术与劳动密集型行业，产业关联度较高的大型项目以及基础工业项目投资则不多，我国 FDI 利用的产业结构失衡严重（刘青海、王忠，2010）。FDI 在国内的这些行业分布特征既不利于第二产业内部的高级化进程，也不利于产业结构升级调整与发展方式转变。表 3 - 8 和表 3 - 9 分别显示了 2002～2010 年以及截至 2010 年中国的外商直接投资产业分布状况。

表 3 − 8   2002 ~ 2010 年外商直接投资产业结构　　　　单位：亿美元

产业名称 \ 年份		2002	2003	2004	2005	2006	2007	2008	2009	2010
总计	实际使用外资	527.43	535.05	606.30	724.06	694.68	835.21	1083.12	940.65	1147.34
	比重（%）	100	100	100	100	100	100	100	100	100
第一产业	实际使用外资	10.28	10.01	11.14	7.18	5.99	9.24	11.91	14.29	19.12
	比重	1.95%	1.87%	1.84%	0.99%	0.86%	1.11%	1.10%	1.52%	1.67%
第二产业	实际使用外资	387.56	397.10	454.63	446.92	425.07	428.61	532.56	500.76	538.60
	比重	73.48%	74.22%	74.98%	61.72%	61.19%	51.32%	49.17%	53.24%	46.94%
第三产业	实际使用外资	129.59	127.94	140.53	269.95	263.62	397.36	538.65	425.60	589.62
	比重	24.57%	23.91%	23.18%	37.28%	37.95%	47.58%	49.73%	45.25%	51.39%

数据来源：中国投资指南 www. fdi. gov. cn（中华人民共和国商务部）。

表 3 − 9   截至 2010 年外商直接投资产业结构　　　　单位：亿美元

产业名称	项目数	比重（%）	合同外资金额	比重（%）
总计	710747	100	24016.12	100
第一产业	20262	2.85	492.70	2.05
第二产业	491788	69.19	14908.44	62.08
第三产业	198697	27.96	8614.98	35.87

数据来源：中国投资指南 www. fdi. gov. cn（中华人民共和国商务部）。

　　如表 3 − 8、表 3 − 9 所示，随着改革开放的逐步深入、中国外资政策以及国内产业结构调整的加速，外资在我国的产业分布不均衡得到较大改善（见表 3 − 8）：从实际利用外资看，第二产业外资占比从 2002 年的 73.48% 下降到 2010 年的不足 47%；第三产业 FDI 占比增长较快，2008 年首次超过第二产业，2010 年其占比达到 51% 多；但第一产业的 FDI 占比极低，截至 2010 年仍未达到 2%。尽管三大产业 FDI 占比失衡状况得到一定改善，但截至 2010 年，无论从外资项目数还是从合同利用外资金额看，我国第二产业的 FDI 仍占主导地位，其项目数占比高达 69%，合同外资金额超过 62%，而第一、第三产业的 FDI 项目数占比总和仅为 30%，合同外资占比总和不足 40%（见表 3 − 9）。由此可见，我国的 FDI 产业结构仍存在较大不平衡。

　　从表 3 − 10 我们可以看出，行业层面 FDI 的一个显著特征是：我国流入的 FDI 严重偏向于第二产业，其中，制造业是最大的 FDI 流入行业，其占比超过所有样本年总 FDI 流量的 50%。尽管制造业 FDI 占比已从 1991 年的 84% 下降到 2009 年的 52%，它仍然是吸引 FDI 最重要的部门。通过进一步考察 FDI 在制造业的具体分布及其演进，我们发现制造业 FDI 总体上具有以下几个显著特征：第一，FDI 在加工制造业投资（如食品、饮料、化学、制药、消费成套产品、生物技术部门）比原材料部门（乳胶、铁矿石、原油）更多；第二，轻工业 FDI 投资（如服装、家具、电子消费品以及家用电器）比重工业（如大型建筑、化学机械、建筑设备生产如起重机、推土机）明显更多；第三，FDI 很少出现在资源型制造产业（如采矿、林业）或垄断行业；第四，劳动密集型产业（如服装、电子、纺织品、建筑业）中 FDI 明显比其他普通加工行业要多出很多。可见，FDI 的行业分布结构极不合理，资本、技术密集型 FDI 所占比率不高。

表 3-10　1991～2010 年中国实际利用外资行业占比

行业	年份	实际利用外商直接投资行业占比（%）								
		1991 年	1994 年	1995 年	1999 年	2000 年	2003 年	2007 年	2008 年	2009 年
第一产业	农林牧渔业	3.2	2.9	2.4	1.5	1.7	1.9	1.2	1.3	1.6
第二产业	采掘业				1.4	1.4	0.6	0.7	0.6	0.6
	制造业	84.1	73.0	72.5	56.6	63.5	69.0	54.7	54.0	51.9
	电力、燃气及水的生产和供应业				8.1	5.5	2.4	1.4	1.8	2.3
	建筑业	1.6	2.9	3.1	2.2	2.2	1.1	0.6	1.2	0.8
第三产业	地质勘查、水利管理业	0.0	0.0	0.0	0.0	0.0	0.0	0.4	0.4	0.6
	交通运输、仓储和邮电通信业	2.0	1.1	1.2	3.8	2.5	1.6	2.7	3.1	2.8
	批发零售、餐饮业	2.1	5.8	5.7	2.4	2.1	2.1	5.0	5.8	6.9
	金融、保险业	0.1	0.1	0.1	0.2	0.2	0.4	0.3	0.6	0.5
	房地产业	5.5	11.9	12.8	13.9	11.4	9.8	22.9	20.1	18.7
	社会服务业	0.0	0.0	0.0	6.3	5.4	5.9	6.3	6.1	1.8
	卫生、体育与社会福利业	0.1	0.2	0.2	0.1	0.2	0.3	0.1		0.1
	教育、文化艺术、广播电影电视业	0.5	1.0	0.7	0.2	0.1	0.1	0.6	0.3	0.4
	科学研究与技术服务业	0.4	0.6	0.5	0.3	0.1	0.5	1.2	1.6	1.9
	其他行业	0.4	0.5	0.6	1.9	3.6	4.2	2.0	3.0	—

数据来源：根据《中国经济统计年鉴》整理计算，1991～2010 年。

近年来，FDI 在中国制造业的分布结构已经较改革开放早期发生了较大变化。外资已普遍从劳动密集型制造业转移到资本、技术密集型制造业。在信息传送、计算机服务、软件业等高技术部门，外资增长超过 100%。这与 20 世纪 90 年代中后期以来我国外资政策的不断调整以及"以市场换技术"引资战略的实施有着密切的联系。然而，截至目前，外资在我国制造业的分布仍未摆脱集中于劳动密集型部门、中低技术密集型部门、高技术密集型行业的中低端这样的局面。造成这种状况的原因究竟是什么？到底是什么因素使得中国在历经 40 年的改革开放获得巨大经济发展之后仍需要大量引进中低端 FDI？乃至中国制造业在丧失大量国内市场的同时也严重丧失依靠外资进行相应技术改造与升级的机会，使技术创新步履维艰，从而导致中国的制造业长期处于"中国制造"而非"中国创造"的局面。当然，中国制造业中外资的普遍较低水平状况，其原因很多，我们无法一一考察。但是对于中国这样一个转型国家，FDI 在制造业长期锁定在"中低端"并非偶然，而是长期以来国内制度环境存在的诸多扭曲使然。"抑内扬外"的制度环境不仅直接导致低质量的外资大量流入，也严重抑制了国内本土企业自身的健康发展。同时，FDI 的部门分布深受中国国有企业的"政治主从次序"影响，在国有企业拥有优先权的部门，FDI 受打击。除此之外，在劳动密集型行业、出口导向型行业，FDI 进入的程度更高。而相反，如果在一个制度更为完善的环境中，国内企业则可以从外资企业中学习更多并更有效地参与竞争，从而国内企业与 FDI 企业之间也将产生更多的前后向关联并由此进一步优化 FDI 的产业、行业分布。

如表 3-10 所示，行业层面 FDI 的另一显著特征是：随着改革开放的推进，第三产业 FDI 增长较快，但主要集中在房地产、社会服务以及批发零售贸易和饮食服务等部门，投资在其他行业如金融保险、教育、健康保健、运动与社会福利方面的 FDI 相对很少。自 20 世纪 90 年代以来，房地产成为第三产业中 FDI 流入最多的部门，其所占比重从 1991 年的 5.5% 上升到 2009 年的 18.7%。2000 年以后，房地产中的 FDI 占比增长迅速并在 2007 年达到高峰，占总 FDI 的约 1/4。近年来，FDI 在房地产业中的高速增长在很大程度上是受中国巨大的市场套利空间驱使，它并未给中国房地产市场的健康发展带来多少益处，相反，产生了许多负面影响，对房地产的畸形泡沫式发展起到了推波助澜的作用。批发和零售贸易与饮食服务是近年来尤其是加入 WTO 以后稳步增长的另一个行业，其占比从 1991 年的 2.1% 增长到 2009 年的 6.9%，这主要是由于加入 WTO 以后中国政府逐步向海外投资者开放这些行业所致。同时，外国投资者已逐步意识到中国的优势：巨大的市场、快速的经济发展以及较为低廉的劳动成本，这将鼓励更多的潜在投资者进入。

FDI 在东道国的产业与行业分布状况对该国产业结构以及经济发展具有重要影响。因此，考察什么因素影响 FDI 在中国的产业、行业选择，这似乎很重要。这对于中国目前致力于提高引资质量，从而推动 FDI 在国内产业结构升级调整与产业发展方式转变上发挥积极作用并将产生重要的启示。

3.2.5　中国 FDI 流入质量与演进

改革开放以来，我国在吸引外资上取得了令人瞩目的巨大成绩，实际利用 FDI 数量从 20 世纪 70 年代末的"0"迅速发展成为当今仅次于美国的世界上利用外资最多的国家之一。但是，由于种种因素特别是受制于转轨时期国内的制度约束以及"抑内扬外"的 FDI 政策，长期以来我国在吸引外资上走的是数量扩张型道路，中国的 FDI 利用模式长期锁定于数量型而远非质量型。因此，流入中国的 FDI 本身质量以及中国利用 FDI 的总体质量均不高。近年来，我国利用 FDI 进入一个新的阶段，同时国内面临日益严重的产业结构升级调整的现实挑战，政府开始注重引资质量的提升。国家"十一五"规划明确指出"继续有效利用外资，切实提高利用外资质量"，为加快 FDI 利用模式由数量型向质量型转变指明了方向和任务。

FDI 质量是指 FDI 为东道国带来收益或正外部性（Kumar，2002），其主要评价指标有：FDI 项目规模、项目的技术含量、FDI 产业结构分布、产品出口导向范围、FDI 企业出口外部性、FDI 企业研发活动等（傅元海、彭民安，2007；傅元海、谭伟生，2009）。一般而言，FDI 质量与外资企业规模、项目技术含量正相关，企业规模越大、资本与技术密集程度越高，正面溢出效应就越强，FDI 质量越高；反之亦然。由于中国 FDI 项目平均规模较小，项目来源仍主要以亚洲和港澳台地区为主，使产业分布集中于中低技术密集型与劳动密集型行业。因此，外资企业对国内企业的示范效应与积极技术溢出效应有限，中国的 FDI 总体质量较低。

1979～2011 年，中国流入的 FDI 在类型结构与质量等方面具有非常大的改善，但是各个阶段的 FDI 质量并不相同。1979～1992 年，FDI 质量比较低下，主要以资源、劳动密集型 FDI 占主导。1992 年以后，FDI 在项目规模、类型结构以及产业分布等方面较之前都有了较大改善。但总体而言，转轨时期，由于国内制度的严重扭曲，加上 FDI 政策的偏向性，流入中国的 FDI 质量普遍不高。傅元海（2007）的实证研究表明，对外资的优惠政策降低了中国引进 FDI 的质量（即项目平均规模），而国内市场化程度的提高则提高了 FDI 引进的质量；同时，外资的产业流向也是衡量引进外资质量的重要指标。中国对外开放与 FDI 质量呈负相关，原因可能与对外开放水平的度量以及 FDI 的区域分布严重不均衡有关。

3.3 本章小结

本章的主要目的是考察转轨时期中国独特的制度环境对于中国 FDI 的流入特征的影响，即 FDI 规模、FDI 类型、FDI 分布等方面。制度环境分为两部分来写：一是改革开放以来，国内为吸引外资企业进入而进行的制度环境改善（主要是中国的 FDI 政策方面）；二是长达 40 年的改革开放进程中国内的主要制度环境，两个环境共同作用对转轨时期中国 FDI 流入特征产生了重要影响。

在这一部分，我们首先简要回顾了转型时期中国外资政策的发展变化（依据外资政策的变化特征分为三个阶段）及其对中国 FDI 流入特征的影响；同时，重点考察了改革开放以来中国的制度转型以及这一时期国内经济制度的约束。我们发现，转型时期中国经济社会存在多种制度约束，主要表现在金融体制与制度不完善、法律与产权制度不健全、市场分割严重、政府激励制度偏差等方面。这些根植于中国经济内部的制度约束对于转型时期中国的 FDI 流入特征具有非常深刻的影响，它直接导致中国的国有企业"有资产无能力"、民营企业"有能力无资产"，与外资企业相比，中国国内企业相对竞争力普遍不足，进而导致大量流入中国的 FDI 具有明显的非典型特征。因此，我们认为，为吸引 FDI 而不断改善的投资软环境与国内经济的制度性约束，构成了转型时期中国特色的制度环境。这种"抑内扬外"的制度环境，导致转轨时期流入中国的 FDI 具有以下主要非典型特征：一是从中国的 FDI 规模（无论是绝对规模还是相对规模）来看，中国存在较为严重的"外资依赖"。二是 FDI 分布不均衡，不仅存在较大的地区分布差异，东、中、西部分布不平衡，这不利于产业的协调发展。同时，FDI 产业分布也极不平衡，各行业也存在较大差异。转型时期中国的 FDI 主要分布在第二产业，且第一、三产业比例不高。其中在第二产业又以中低端制造业为主，资本和技术密集型的 FDI 企业并不很多。三是中国 FDI 的质量相对较低。与规模庞大的 FDI 相对应，流入我国的 FDI 总体质量较低，技术含量不高，对国内企业的示范效应与正向技术溢出效应有限。

第4章　制度环境、FDI 与中国产业发展：ESCP 框架分析

如前文所述，本书主要从产业结构调整与产业增长两方面来刻画 FDI 对中国产业发展的影响。关于 FDI 与中国产业发展，国内不少学者从不同角度进行过研究。但大多数研究主要以传统发展经济学理论为基础、依据 FDI 在各产业分布判断其对产业发展的影响（郭克莎，2002；江小涓，2003；文东伟等，2009），并未考虑中国转轨时期特殊的制度环境以及制度约束下 FDI 影响产业结构与产业增长的特殊机制，往往只看到 FDI 有利于产业结构调整和产业增长的积极方面，对于其对产业发展可能产生的负面影响较少关注。新近研究发现，制度约束下 FDI 的关联效应较为缺乏，因而对东道国的收入增长贡献很小甚至为零，难以形成循环累积效应，因此也就无法推动东道国经济增长与产业发展（钱学锋，2010）。与此同时，在制度约束下，所有权在国外的外资企业通过将收入汇入母国而形成巨大的"收入漏出效应"将促使东道国产业比重下降、阻碍产业内部的高级化进程（张宇，2009）。另外，制度约束有可能弱化 FDI 企业与东道国上下游企业的垂直联系，进而弱化 FDI 的正向溢出效应、技术进步效应，在总体上减小 FDI 的增长效应，并最终决定 FDI 对东道国经济的影响效应的大小（甚至方向）。

由于存在严重的制度约束，中国 FDI 流入原因、特征与经典 FDI 理论存在显著差异。因此，FDI 对中国产业结构调整和产业增长的影响需要在新视角下重新审视。与以往研究不同，本章尝试构建环境—战略—行为—绩效（ESCP）分析框架，从中国特殊制度环境考察 FDI 特征事实，进而梳理 FDI 对产业结构调整、产业增长的影响机制及效应，由此得出一些更为丰富、细致的结论。本章的研究承上启下，从制度环境出发，研究中国制度环境对 FDI 流入特征的影响，进而研

究 FDI 对中国产业发展（产业结构和产业增长两方面）的影响机理。最终形成一个基于 ESCP 的分析框架，为后续的实证研究提供基本的理论依据。第 5 章和第 6 章实证研究的理论基础分别基于本章的基本理论，同时根据研究对象进行了相应的理论扩展，形成各自章节的理论假说和理论依据。

4.1　制度环境与 FDI 流入：基于主流文献的回顾与考察

关于 FDI 流入，学者们从不同角度提出了各种经典理论。归结起来大致可分为两类：一是从供给方（即跨国公司）角度提出理论。1960 年海默首次提出垄断优势理论，认为国际直接投资源于跨国公司在规模经济、资金、技术、管理等方面的垄断优势。随后，维农的产品生命周期理论、小岛清的边际产业扩张理论、邓宁的国际生产折中理论分别从不同角度解释跨国公司投资行为。早前的研究主要偏向从供给方内部考察。自 20 世纪 90 年代以来，国际直接投资活动日益频繁，研究者开始关注影响 FDI 流入的外部因素，指出 FDI 倾向流入那些具有稳定宏观环境（Lim，2001）、较大市场规模（Cheng and Kwan，2000）、良好基础设施（Sun et al.，2002）、低廉劳动力（Cheng and Kwan，2000）的国家。上述文献仅从供给方角度来考察 FDI 流入，缺乏对需求方东道国因素的分析，因此不完整。二是从需求方（即东道国）角度提出理论。经典理论认为，东道国积极引入外资主要是基于 FDI 可以通过影响市场结构（Hymer，1976；Caves，1982；江小涓，2002）、资本供给、技术溢出、对外贸易（宋京，2005），对东道国经济发展产生积极作用。但是，自 20 世纪 90 年代中期以来，中国资本存量和外汇储备已经达到相当规模，储蓄与外汇"两缺口"已不存在，同时 FDI 技术溢出效应并不明显。显然，基于传统发展经济理论的供求角度并不能很好地解释中国 FDI 大量流入的原因。

近年来，研究者开始关注东道国制度对 FDI 流入的影响，并认为制度在吸引国际直接投资中能发挥重要作用，因为拥有良好制度质量的国家总是在吸引 FDI

上做得更好（Anghel，2005；Du et al.，2008）。但是，中国的制度在全球乃至发展中国家中并不处于优势地位，同时"两缺口"已不缺以及"以市场换技术"引资政策被证明并不成功，为什么仍有大量 FDI 流入？研究发现，金融扭曲（张军，2003；黄亚生，2005；胡立法，2008）、市场分割（赵奇伟，2009）等普遍性制度约束的存在是推动 FDI 大规模流入中国的重要原因。

综上，就中国而言，基于传统发展经济理论的供求角度并不能很好地解释 FDI 大量流入。尽管传统供求面因素仍是推动外资进入中国的重要原因，但它不足以解释当前中国 FDI 的现状，而国内的制度约束环境恰恰为我们提供了一个重要视角。本章亦将循着这个视角，考察国内制度约束的特征事实，进而分析 FDI 流入特征以及制度约束下 FDI 对中国产业结构与产业增长可能产生的影响。

4.2 转型制度环境下中国 FDI 的非典型特征

作为一个转轨国家，中国存在明显的制度约束问题，这不仅直接推动 FDI 持续大量流入，也成为影响中国 FDI 流入特征的重要因素。

4.2.1 转轨时期中国制度约束的主要表现

4.2.1.1 金融体制不健全

在中国，金融体制的问题集中表现为金融体系不健全、缺乏完善的金融中介、金融资源配置的政治性主从次序等方面。一方面，严格的金融市场进入壁垒抑制了金融中介健康发展并造成市场融资渠道单一，大量金融资源无法得到有效整合。另一方面，金融资源严格按照企业的政治主从次序配置，无效率的国有经济部门处在政治主从次序顶部，垄断了大部分金融资源；经济效率更高的私人企业处在政治主从次序底端，融资困难。同时，国有银行主导的信贷体制和利率管制政策加剧了金融资源配置的错位和偏差。对于大多数发展中国家而言，FDI 是缓解信用约束的一个途径，而中国并不缺乏储蓄，只是金融体制扭曲、金融配给体系无效率导致 FDI 承担着更大程度的金融媒介与信用中介功能（罗长远，2011）。

4.2.1.2　市场分割严重

市场分割是指为了地方利益通过行政手段限制外地资源进入本地市场或限制本地资源流向外地的行为。它始于 20 世纪 80 年代初实行的"放权让利"与行政性分权，20 世纪 90 年代中期以来实行的财政分权由于缺乏配套制度加剧了市场分割。严重的地方保护与市场条块分割阻碍了一体化市场的健康发展，导致国内企业跨区发展的交易成本增加，市场竞争力下降。同时，在市场分割下，经济运行机制扭曲，社会资源无法实现最优配置，国内企业规模经济难以实现。与此相反，外资企业则由于享受各项优惠政策，发展基本不受中国国内市场分割的影响，跨区域投资成为外资"独享的盛宴"。在严重的市场分割体制下，与外资企业相比，国内企业普遍缺乏竞争力。

4.2.1.3　政府激励偏差

政府激励制度的偏差源于政治上集权和财政上分权。政治上的集权意味着地方官员的晋升在很大程度上由中央决定，而晋升则主要依据地方经济绩效。在现实中，以 GDP 为核心的"政治锦标赛"促使地方政府"为晋升而竞争"，创造了一定的经济奇迹，但导致过度竞争与恶性竞争。为追求 GDP，各地政府竞相展开财政、金融、土地等各项优惠政策吸引 FDI，过度的招商引资竞争造成重复建设与环境污染，并影响国内企业竞争力和引资效果。

4.2.1.4　法律与产权保护缺失

法律与产权保护缺失是中国制度约束的又一个突出问题。一方面，国内企业按照政治主从次序来获取法律与产权保护。处在政治主从次序底部的民营经济部门，普遍缺乏完整的政治、司法合法性，其产权不安全性问题严重。另一方面，国内政策普遍存在"抑内扬外"的偏差，对外资企业的法律保护甚至优于国有企业。因此，为寻求政治、法律保护并获取生存与发展空间，国内企业尤其是民营企业往往具有强烈的 FDI 偏好。

4.2.2 制度约束下中国 FDI 的非典型特征

4.2.2.1 FDI 流入规模

改革开放以来，中国 FDI 规模一直持续稳步增长，1991~2008 年年均外资增长率接近 23%。比较 1980~2010 年中国与其他主要发展中国家的 FDI 规模（见图 4-1），我们发现，自 1992 年实行全面开放政策以来，中国 FDI 流入规模远远超过其他国家。当然，衡量 FDI 规模主要看它是否与该国经济发展水平与吸收能力相适应。转轨时期，由于体制与制度约束，民营企业深受制度歧视"有能力无资源"，国有企业虽受制度保护但"有资源无能力"，导致 FDI 大量流入，中国经济表现出强烈的外资依赖，相对于现有吸收能力而言，FDI 规模过大（黄亚生，2005）。

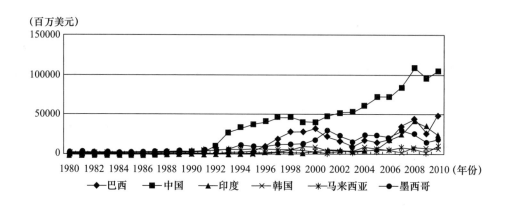

图 4-1 主要发展中国家 FDI 流入规模比较

数据来源：UNCTAD，2011。

4.2.2.2 FDI 类型

在制度约束下，一方面国内企业对 FDI 表现出强烈偏好，另一方面地方政府为吸引外商投资恶性竞争并实行"抑内扬外"政策，导致大量进入中国的 FDI 类型具有非典型特征：一是 FDI 企业出口导向性过强，在劳动与资源密集型产业中主导地位显著；二是 FDI 来源国以亚洲地区为主，欧美发达国家较少；三是 FDI 项目的平均规模较小，这与 FDI 来源地密切相关。截至 2008 年，按对华投资规模大小的 FDI 来源国（地区）排序依次是：中国香港、日本、美国、中国台湾、韩国等（见图 4－2）。与其他国家相比，流入中国的 FDI 企业以中小企业居多，高技术的大型跨国公司较少，尤其是来自中国香港和中国台湾的中小企业企业仍占较大比例。

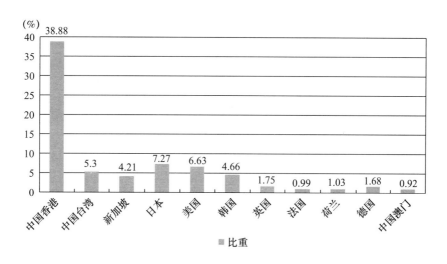

图 4－2　截至 2008 年对华投资前十位国家或地区

数据来源：国家商务部。

4.2.2.3　FDI 产业分布

经典理论认为，进入壁垒和不完全竞争是 FDI 进入的必要条件，FDI 通常集中于具有寡头特征的行业。然而，与其他国家 FDI 具有较大的行业集中性不同，制度约束下中国的 FDI 具有行业分散的非典型特征，广泛分布于垄断行业以外的完全竞争性低技术、劳动密集型行业。从产业结构分布看，当前中国的 FDI 主要集中在第二产业，而在第一、三产业占比很低。同时，在第二产业内部，FDI 又主要集中于出口加工业、传统制造业、中低技术与劳动密集型行业。FDI 的行业分布特征不利于第二产业内部的高级化进程，也不利于产业结构升级调整与发展方式转变。

表4-1 2005年中国制造业FDI分布

行业	产值比重（%）	固定资产存量比重（%）	行业	产值比重（%）	固定资产存量比重（%）
低技术行业	32.33	32.24	文教体育用品制造业	60.76	64.54
纺织服装、鞋、帽制造业	46.03	47.53	水的生产和供应业	10.31	7.75
纺织业	25.27	27.7	中低技术行业	17.4	16.03
造纸及纸制品业	34.95	48.02	电力热力生产供应业	10.65	12.56
印刷业和记录媒介的复制	32.42	31.21	非金属矿物制品业	18.33	22.33
家具制造业	55.22	54.82	黑色金属冶炼及压延加工业	12.82	10.03
木材加工及木竹藤棕草制品业	23.35	28.96	金属制品业	36.53	39.3
饮料制造业	34.19	37.05	燃气生产和供应业	33.93	19.49
烟草制品业	0.24	0.89	石油加工、炼焦及核燃料加工业	10.58	11.38
皮革毛皮羽毛及其制品业	52.76	56.91	橡胶制品业	38.64	49.31
食品制造业	36.43	36.78	塑料制品业	42.74	51.74
农副食品加工业	28.94	28.49	有色金属冶炼及压延加工业	15.21	13.58

数据来源：张宇.《制度约束、外资依赖与中国经济增长》[M].北京：中国经济出版社，2009：158.

4.2.2.4 FDI 质量

FDI质量是指为东道国带来收益或正外部性，其主要评价指标有：FDI项目规模、项目的技术含量、FDI产业结构分布、产品出口导向范围、FDI企业研发活动等（傅元海，2007）。一般而言，FDI质量与外资企业规模、项目技术含量正相关，企业规模越大、资本与技术密集程度越高，正面溢出效应就越强，FDI质量越高；反之亦然。中国FDI项目平均规模较小，项目来源仍主要以亚洲和港澳台地区为主，且产业分布集中于中低技术密集型与劳动密集型行业。因此，外资企业对国内企业的示范效应与积极技术溢出效应有限，中国的FDI总体质量较低。

4.3 FDI 对产业发展的影响：基于 ESCP 框架的分析

关于 FDI 对产业结构与产业增长的影响，早期研究主要集中于 FDI 正面效应（资本、技术、管理等积极溢出效应）以及由此带来的对国内产业结构调整、产业增长的正面作用。近年来一些文献开始关注 FDI 的负面效应，但并未考虑特殊制度环境对 FDI 流入进而对产业结构和产业增长产生的影响，具体的传导机制则更为鲜见。

事实上，FDI 的资本供给、技术进步效应和正向溢出等正面效应的产生是具有一定门槛效应的，这其中又以"技术门槛"与"制度门槛"两种最为关键。其中，"制度门槛"是指东道国要获取 FDI 的积极（技术）溢出效应和正向增长效应必须具备一定的制度条件，这是 FDI 正面效应产生的前提。制度约束可能导致溢出效应和正面增长效应难以产生或者至少受到一定抑制。正如 OECD（2002）指出的，并非所有的东道国都能从 FDI 的外部效应中获益，在获益之前东道国必须达到吸收能力的最低门槛，这些门槛就包括如人力资本、制度、金融部门发展等。制度约束一方面造成国内经济对外资技术、管理的严重依赖，使企业普遍缺乏创新；另一方面造成国内企业吸收能力普遍不高，在较大程度上抑制了 FDI 积极的技术扩散与知识、管理溢出，导致国内技术进步与产业结构升级缓慢。同时，制度约束又导致 FDI 产生一系列负向效应，比如外资与本地企业缺乏关联（钱学锋，2010）、收入漏出效应（张宇，2009）等。与之相反，一个更为成熟和良好的制度环境不仅能吸引大量 FDI 流入，同时也能为外资企业与本地企业的合作提供便利，加强 FDI 企业与本地上下游企业的垂直关联，由此扩大 FDI 的正面效应。

4.3.1 制度约束下 FDI 对产业发展的影响机制

为了清晰地观察和解析制度环境与 FDI 促进产业发展之间的关系和机制，我们借鉴于良春、余东华（2009）的 ISCP[①] 框架构建了制度环境与 FDI 研究的 ES-CP 分析框架。与 ISCP 框架不同的是，此处 E 代表东道国制度环境；S 代表 FDI 企业面对异质性制度环境所做出的策略性反应，即企业战略变化；C 代表外资企业的行为和本地企业的行为，特别是外资企业与本地企业的互动行为；P 代表最终外资企业在东道国的经济绩效，具体又体现在产业（行业）结构调整和产业增长两个主要方面上。中国特有的制度环境（Environment）即制度约束引起了外资企业战略（Strategy）变化，进而促使外资企业与本地企业的互动行为（Conduct）转变以及外资角色的重新定位，最终导致 FDI 在东道国的绩效（Performance）发生根本性改变，对东道国经济增长与产业结构产生深远影响，其具体机制如图 4 - 3 所示。

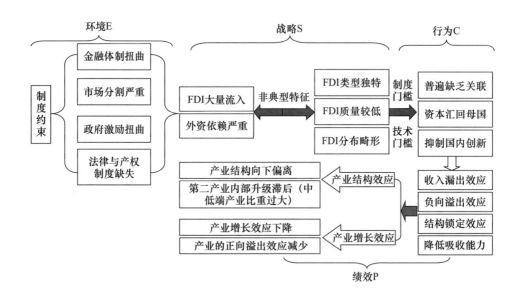

图 4 - 3　制度约束下 FDI 影响产业发展的机制与效应（ESCP 分析框架）

---

① 于良春、余东华（2009）指出：此处的 ISCP 与产业组织理论 SCP 范式相比较，存在较大差异。这里的 ISCP 框架中除了增加行政垄断得以形成和持续的制度性因素 I 以外，S、C 和 P 本身也与 SCP 范式中的结构（S）、行为（C）、绩效（P）的经济学含义不太一样。S 不仅包括市场结构，还包括产权结构等能够反映行政性垄断程度的其他结构类因素；C 不仅包括与行政性垄断相关的厂商行为，而且包括影响市场竞争的政府行为；P 是指与行政垄断相关的绩效因素，表示具有行政垄断特征产业的绩效，包括微观层面效率、产业层面效率和宏观层面效率。

越来越多的研究者认识到，国际商业研究中应该重视制度在重塑"跨国公司行为以及它们在东道国所产生的溢出效应"中的作用（Cantwell et al.，2010；Dunning and Lundan，2008；North，2005）。在普遍性制度约束环境条件下，相对于内资企业而言，外资企业具有持续的天然优势、静态优势与动态优势。因此，外资企业的进入战略与进入后的竞争行为与竞争战略均会发生偏向性变化。FDI 投资者在进入策略上会表现为：大量低质量外资流入、外资项目平均规模偏小、分布分散。进入之后，由于中国特殊的制度环境，FDI 企业会选择更多地进入到资源和劳动密集型行业，而且它们会选择以出口导向的方式规划其生产和销售行为。同时，在一个不良的制度环境中，本地企业更难获取学习外资企业先进技术的机会，也更少地拥有与外资公司进行公平的市场竞争的机会，此时 FDI 企业凭借其政策性优势将对东道国表现出显著的"挤出效应"。反过来，市场支持型的制度环境将为 FDI 投资企业的前后向关联提供便利（Ernst，2005），以此更好地发挥"挤入效应"。

外资战略变化的直接后果是形成了中国 FDI 的非典型特征，进一步又影响外资企业在东道国的行为与角色，影响到 FDI 企业与本地企业的互动。具体而言，其一，影响外资企业与本地企业的互动行为，具体表现为外资与内资企业缺乏关联、外资挤出内资、抑制国内企业创新等。一方面，外资的大量进入容易产生市场掠夺行为，挤出国内资本；另一方面，国内普遍缺乏创新体制环境下大量引进 FDI 容易使国内企业产生惰性，且抑制创新；同时，进入中国的外资企业实质上并不比国内企业更具优势，因而对国内企业的关联和示范效应以及积极技术溢出有限。[1] 其二，影响外资企业与东道国制度互动行为，比如，FDI 充当信用中介从而与金融制度形成互补（罗长远，2011）。外资企业通过这种良性在一定程度上起到了弥补现有制度的一些不足之处，但这只是局部性的，也从另外一个侧面凸显出中国制度约束的严重性。并且，在外资企业与东道国制度的互动过程中，外资会凭借其资金、技术和信用优势获得超额利润，攫取一部分本应属于东道国本地企业的利润，抑制东道国企业自生能力的形成。

---

[1] FDI 技术溢出效应的产生具有一定的门槛效应，现有制度下中国企业普遍吸收能力有限，"以市场换技术"的引资政策最终失败，导致企业技术升级速度缓慢。

在"技术门槛"与"制度门槛"的双重作用下，FDI 在东道国的行为与角色突变则会抑制正面溢出效应的发挥，同时产生收入漏出、结构锁定与固化、负向溢出效应，同时制度约束会造成东道国本身对 FDI 企业溢出效应的吸收能力的下降。外资企业在制度约束环境下的战略与行为最终影响到 FDI 在东道国的绩效，具体到产业结构上就是通过收入漏出效应是产业比重下降与产业结构向下偏离，通过结构锁定与固化效应使产业本身内部的高级化进程受到阻滞、延缓产业结构升级。而在产业增长效应方面，则通过收入漏出效应、强化 FDI 的负面溢出效应等方式，减小 FDI 的总体正向增长效应，甚至在一定情况下有可能使得整个 FDI 对产业增长产生负向作用。

因此，我们认为当前制度约束下 FDI 对产业发展的影响可能存在以下特点：第一，除了产生正面效应（资本供给、技术进步与正向溢出效应）之外，FDI 可能会产生较大的负面效应（负向溢出效应、市场掠夺与收入漏出效应）；第二，由于制度约束的存在，FDI 的正面溢出效应可能会受到一定程度抑制，特别是"制度门槛"的存在可能抑制其积极溢出效应发挥；第三，由于中国特殊的制度环境，FDI 对中国各省区各个行业的具体影响可能存在较大异质性。

4.3.2 制度约束下 FDI 对产业发展的影响效应

FDI 既有正面效应，也有负面效应，两股力量的博弈最终决定其对产业发展与经济增长的总体效应与方向。事实上，仅仅考虑 FDI 带来的技术、知识、管理等溢出效应对产业结构调整的正向推动作用过于片面。由于制度约束的普遍存在，当前中国的 FDI 除了产生一定的正面效应外，其负面效应凸显。一方面，FDI 大量流入导致中国经济增长的严重外资依赖特征，国内企业创新受到抑制，同时中国的 FDI 企业出口导向性极强，此时外资企业将普遍缺乏垂直关联（钱学锋，2010），外资的正面溢出效应将大大削弱，不利于产业结构升级。另一方面，在开放经济条件下，FDI 的进入并不必然导致东道国国民收入的增长。由于所有权在海外，FDI 投资者会将东道国的部分利润或全部利润汇回母国，从而形成收入（产出）漏出效应。理论上，如果 FDI 未能增加东道国收入，则无法通过累积效应推动东道国经济增长进而推动产业结构调整和产业增长；实证上，制度约束下 FDI 对东道国产业产生的收入漏出效应将会引致产业收缩效应，进而引发产业比重下降（张宇，2009）。此外，大量中低端 FDI 流入第二产业使得中国第二产业内部结构长期锁定于劳动密集型、中低技术加工型、中低端出口导向型行业，导致第二产业内部结构固化从而形成产业结构中低端锁定效应，阻滞和破坏了第二产业内部自然的动态演进规律。

总而言之，由于转轨时期特殊的制度环境，流入中国的 FDI 对产业结构调整与产业增长的积极效应将受到一定程度抑制。我们需要认真审视制度约束下 FDI 对产业升级调整以及产业增长可能产生的负面效应，进而提出新的治理措施。

4.4　本章小结

鉴于经典 FDI 理论无法完整解释中国经济的严重外资依赖特征，我们从中国特殊的制度环境出发，考察了制度约束的特征事实，进而从制度约束视角系统梳理了制度对 FDI 流入原因、流入规模、类型等的具体影响，提出了 FDI 研究的环境—战略—行为—绩效（ESCP）分析框架。作为转轨国家，中国较长时期以来存在普遍性制度约束，主要表现为金融制度不健全、法律与产权制度不健全、市场分割严重、政府激励制度偏差等。这些体制与制度缺陷不仅直接推动 FDI 持续流入，而且成为影响中国 FDI 流入规模、类型、质量、行业分布的重要因素。

本章我们发现，制度约束导致流入中国的 FDI 具有"规模过大、质量偏低、项目类型太小、行业分散"等不同于其他同类发展中国家的非典型特征。制度约束下的 FDI（企业）普遍缺乏关联效应、正面溢出效应受到"制度门槛"抑制、容易产生收入漏出等，总体上不利于产业增长与产业内部的高级化进程，也不利于产业升级调整与发展方式转变。严重的外资依赖抑制了国内创新，FDI 正面溢出效应大大削弱，负面溢出效应凸显。具体而言，收入漏出效应导致产业收缩，结构固化效应则导致第二产业内部结构长期锁定于中低端，而收入漏出、正向溢出效应的减小则大大削弱了 FDI 的产业增长效应。

总之，本章的研究内容包括：

第一，制度环境对于引进外资以及外资企业发挥正面效应具有非常重要的作用，除了"技术门槛"，FDI 正面效应的产生还具有一定的"制度门槛"。当然，FDI 大量流入对中国经济增长和产业结构调整发挥了较大的积极作用，但这种作用是在中国存在严重制度约束的条件下产生的，其成本高昂；应该重新审视高昂成本产生的机制及其对提高引资质量与提升利用外资效率的影响，在新时期引资政策中应以改善制度环境为依托并提出相应的治理措施。另外，要促使 FDI 对国内产业结构调整产生正向推动作用，跨越制度门槛、提高引资质量是关键。从某种程度上讲，制度因素比其他因素更为重要，良好的制度环境可以大大减少交易成本，增强国内各经济部门尤其是非国有经济部门的市场竞争力。

第二，东道国（或地区）制度环境是决定 FDI 产业增长效应的重要因素，我们认为制度约束会影响 FDI 的进入成本和方式、FDI 的行业分布和特征，并进一步影响 FDI 的本地经济联系和溢出效应大小、方向。同时，制度约束会通过降低金融市场效率和资源配置效率，进而弱化东道国吸收能力，削弱 FDI 的增长效应。在制度约束的条件下，FDI 的增长效应将大大减少甚至为负；与之相反，如果一个地区制度质量不断得到改善，将有效促进该地区 FDI 的增长效应。

上述由 ESCP 框架得出的两个关于不同制度环境下，FDI 对东道国产业结构调整与产业增长的影响的基本结论形成了本书的理论基础。接下来的两章我们从产业结构和产业增长两个层面对上述理论框架进行扩展，并采用中国省级层面的数据进行验证，以丰富和增进我们对 FDI 促进中国产业发展的认识。

第5章 制度约束、FDI 与产业结构调整

关于 FDI 对东道国产业结构调整的影响机制，已有研究主要从发展经济学视角进行考察；先后出现了钱纳里的"两缺口模型"、维农的产品生命周期理论、赫尔希曼的技术缺口理论、小岛清的边际产业扩张理论等经典理论。总体来看，FDI 对产业结构影响的实证研究主要分为两类：其一，利用跨国面板数据（Alfaro，2003）或时间序列数据（刘宇，2007），考察 FDI 对一二三产业增加值的影响进而分析其对产业结构变化的影响。其二，考察 FDI 在各个产业的分布情况及其对产业结构的影响（郭克莎，2000；文东伟、冼国明、马静，2009），或者基于时间系列数据考察 FDI 与产业结构的协整关系（傅强等，2005；陈继勇等，2009）。总体来看，国外研究仅考察 FDI 对第二产业或一二三产业增长的影响，未考察产业结构调整（产业比重相对变化）的总体效应；国内研究则主要以 FDI 的产业分布结构以及 FDI 与产业结构的协整关系，来判断其对产业结构调整的影响。现有关于 FDI 对中国产业结构调整的实证研究尚有值得改进的地方：其一，主要以时间系列数据为主，且未加入其他影响因素作为控制变量，结论的稳健性值得商榷。其二，结论相互冲突，有研究认为 FDI 加剧了第二产业扩张、加重了产业结构偏斜（刘宇，2007；陈继勇，2009），部分研究却发现 FDI 增加会降低第二产业比重、延缓工业化进程（张宇，2009）。其三，最重要的一点是，未分析 FDI 对中国产业结构的影响机制，使其对实证结论的分析缺乏理论支撑。

对于转型国家来说，仅仅从传统的发展经济学视角来看待和理解外资对东道国产业与经济发展的影响显然是不充分的。研究表明，流入中国的 FDI 规模、类型及流入原因均与经典 FDI 理论有所差异，与经典的"两缺口"理论不同，研究者发现，金融偏向政策、市场分割等制度约束是造成"两缺口"不缺的条件

下仍大量引进 FDI 的重要原因（张军，2003；黄亚生，2005；胡立法，2008）。而且，中国的 FDI 具有规模小、行业分布与地域分布分散等非典型特征（黄亚生，2005）。这些观点为我们全面清晰地考察 FDI 对中国产业结构的影响机制提供了独特视角。基于上述原因，本章从空间经济学与制度约束视角，通过系统梳理中国特殊制度背景下 FDI 对产业结构调整影响机制，并选取 1985～2004 年省际面板数据采用双向固定效应模型①对二者关系进行实证分析，拓展现有文献，丰富和增进对 FDI 与转型时期产业结构调整及其机制的理解。和已有研究单纯依据 FDI 在各产业分布判断其产业结构效应所得到的结论不同，我们研究发现制度约束下 FDI 的产业结构调整效应与现有文献的结论迥异：FDI 流入有助于增加第三产业比重，但却会减少第二产业比重。

5.1 理论分析与可检验的假说

在传统经济增长模型中，FDI 推动产业结构变动的两个主要渠道是资本供给和溢出效应。在新古典框架下，"两缺口"理论认为，FDI 为东道国提供资金，以推动其产业结构调整。随着技术进步内生化，FDI 带来的技术、知识、管理等溢出效应越来越受到重视，被认为是推动产业结构调整的重要因素。由此，FDI 带来的资本供给、溢出效应推动地区经济增长、产业扩张。近年来，随着空间经济学的兴盛，利用空间经济学的方法分析 FDI 对东道国的福利效应日渐兴起。在空间经济学 FC（Footloose Capital Model）模型中，FDI 进入并不会导致东道国国民收入的增长；其后，FCVL（Footloose Capital with Vertical Linkage Model）模型通过引入企业间的垂直关联得出：FDI 是否有助于东道国收入增长依赖于垂直关联的大小（钱学锋，2010）。由于所有权在海外，FDI 投资者会将东道国的部分或全部利润汇回母国，从而形成收入（产出）漏出。因此，在开放经济条件下并考虑国际间资本流动，FDI 除了产生传统的溢出效应、资本供给效应之外，还

---

① 我们充分考虑了内生性问题，运用工具变量法检验其稳健性。

将产生"收入（产出）漏出"效应，并且收入漏出效应的大小主要取决于对 FDI
的依赖程度（张宇，2009）。可见，对 FDI 依赖程度越大（即 FDI 比重越高）则
收入漏出效应越大，同时 FDI 流入类型也影响收入漏出效应的大小。对中国而
言，FDI 流入原因可能包括以下三种：开放程度扩大、技术差距及制度约束（黄
亚生，2005；张宇，2009），三者对收入漏出效应影响不同。开放程度扩大不产
生漏出效应，随着开放程度的扩大，一国吸引 FDI 的同时也进行对外投资，本国
收入漏出效应会被对外投资形成的收入漏入效应抵消。当 FDI 流入由技术差距、
制度约束引起时，此时东道国无法形成有效对外投资，因而产生净收入漏出效
应。另外，制度约束下大部分 FDI 是低技术、劳动密集型（黄亚生，2005），并
且此时外资企业普遍缺乏垂直关联（钱学锋，2010），因此外资的溢出效应将大
大削弱。因此，制度约束下 FDI 对产业发展更多体现为不利影响。

　　总的来说，FDI 对东道国产业产生两种效应：其一，由收入漏出效应引致的
产业收缩效应；其二，由资本供给、溢出效应带来的收入增长、产业扩张效应。
对于一个产业而言，前者在实证上则意味着延缓产业发展、降低产业在 GDP 中
的比重（张宇，2009）。反之，后者则在实证上表现为产业扩张、产业比重上升。
FDI 对产业结构调整的影响要看其带来的收入漏出（A）与收入增长（B）效应
的相对大小。当 A > B 时，产业收缩、比重下降；当 A < B 时，产业扩张、比重
上升。

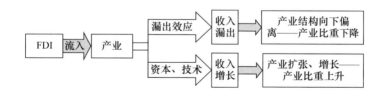

图 5 - 1　空间经济学视角下 FDI 对中国产业结构调整的影响机制

　　综上，FDI 对中国产业结构调整的影响如图 5 - 1 所示，可分两步考虑：首
先，考察由于制度约束导致的过度依赖 FDI 带来的收入漏出效应与资本供给、溢
出效应带来的收入增长效应的相对大小。具体来看，第二产业一直以来是 FDI 流
入重地（年平均占 FDI 总量的 60% 以上），第二产业的 FDI 依赖程度过高，因此

FDI 增加会表现为较大的收入漏出效应，出现 A > B（总体上为净漏出），FDI 增加会降低第二产业比重。第一、第三产业流入 FDI 比例很小，总体上为净增长效应（A < B），FDI 增加提高其产业比重。其次，在上述前提下，进一步分析每个产业内部 FDI 的产业结构调整效应。从较长时期来看，对第三产业而言，随着第三产业对 FDI 依赖程度的上升，收入漏出效应会逐步显现出来，平减其收入增长效应；总体表现为 FDI 对第三产业比重提升的边际效应递减。另外，第二产业的收入漏出主要取决于制度约束，随着中国市场化进程与制度改革的不断推进，制度约束逐步减少，可以预期收入漏出效应呈递减趋势，因此表现为 FDI 对第二产业比重降低的边际效应递减。

据此，我们提出如下理论假说：假说 1：FDI 占 GDP 比重的上升将降低第二产业比重，这种调整效应呈边际递减趋势；假说 2：FDI 占 GDP 比重的上升将提升第三产业比重，这种调整效应呈边际递减趋势。为验证 FDI 对产业结构调整的具体影响，下面通过设计双向固定效应模型对其进行检验。

5.2　模型、数据与方法设计

5.2.1　计量模型设定

我们把第一、第二、第三次产业产值占 GDP 比重的演变（特别是第三产业的比例上升）作为衡量产业结构调整的指标。具体而言，把第二、第三产业占 GDP 的比例作为反映产业结构调整的指标，把第三产业比重的提高以及第三产业产值占 GDP 比重相对于第二产业产值占 GDP 比重的提高看成是产业结构逐步升级、优化。考虑到我国目前所处的发展阶段，我们着重考察第二、第三产业产值占 GDP 比重的变化，以及第二、第三产业产值比重的相对变化。与以往文献不同之处是，除了选取 FDI 作为自变量之外，同时，本书创新性地引入 FDI 平方项作为自变量，以期考察 FDI 对产业结构调整的非线性效应。

因此，本书选取中国 30 个省区（由于数据缺失，港澳台地区和西藏除外）

1985～2004 年的面板数据（Panel Data），并用下式所表示的模型进行实证检验。

$$ID3_{it} = \alpha_i + \gamma_t + \beta_1 \cdot FDI_{it} + \beta_2 FDI_{it}^2 + \Phi \cdot CTRL_{it} + \xi_{it} \tag{5-1}$$

$$ID2_{it} = \alpha_i + \gamma_t + \beta_1 \cdot FDI_{it} + \beta_2 FDI_{it}^2 + \Phi \cdot CTRL_{it} + \xi_{it} \tag{5-2}$$

$$ID3_{it-}\ ID2_{it} = \alpha_i + \gamma_t + \beta_1 \cdot FDI_{it} + \beta_2 FDI_{it}^2 + \Phi \cdot CTRL_{it} + \xi_{it} \tag{5-3}$$

其中，$ID3_{it}$ 为被解释变量，表示地区 i 在 t 年的第三产业增加值占 GDP 比重，$ID2_{it}$ 为被解释变量，表示地区 i 在 t 年的第二产业增加值占 GDP 比重，$ID3_{it-}\ ID2_{it}$ 为被解释变量，表示地区 i 在 t 年的第三产业产值与第二产业产值之比。FDI_{it} 是核心解释变量，为地区 i 在 t 年 FDI 占 GDP 比重（除以 GDP 是用以消除地区经济规模的差异）；FDI_{it}^2 为核心解释变量，为地区 i 在 t 年 FDI 占 GDP 比重的平方 $FDI \times FDI$。$CTRL_{it}$ 为其他控制变量。α_i 和 γ_t 分别用于控制地区效应和时间效应，ξ_{it} 为随机误差项。

除了 FDI 以外，影响三次产业发展的还有其他一些因素，参照相关文献我们选取如下控制变量 $CTRL_{it}$，包括：①地区经济发展水平 LNGDP，用地区 GDP 的对数表示；②政府消费水平 GOVC_ GDP，用政府消费支出占 GDP 的比重表示，代表政府对经济发展的干预；③城市化率 URB，反映城市化发展水平；④固定资本形成率 GCFY，用固定资本形成总额占 GDP 的比重表示；⑤人力资本投资 LH-CAPITAL，用中等学校和高等学校在校人数的自然对数表示。

5.2.2 变量及数据说明

模型中各主要变量对应的描述性统计如表 5-1 所示。

表 5-1 主要变量的描述性统计

变量	样本数	均值	标准差	最小值	最大值
ID3_ GDP	600	0.337	0.0636	0.179	0.622
ID3_ ID2	600	0.809	0.267	0.343	2.329
ID2_ GDP	600	0.436	0.082	0.184	0.698
FDI_ GDP	590	0.033	0.059	0	0.518

续表

变量	样本数	均值	标准差	最小值	最大值
GOVC_ GDP	589	0.028	0.088	0	1.514
LHCAPITAL	593	5.078	0.877	1.754	6.820
URB	558	0.435	0.218	0.111	0.994
OPEN	596	0.032	0.047	0	0.577
LNGDP	600	6.931	1.240	3.410	9.683
IV_ OPEN	596	0.019	0.045	0	0.577
FDI × FDI	590	0.005	0.019	0	0.269
GCFY	589	0.440	0.100	0.239	0.901
ID1_ GDP	600	0.226	0.101	0.013	0.503
IV_ IV	596	0.002	0.017	0	0.333

我们考察了各解释变量与主要解释变量的相关度，Pearson 相关系数矩阵表明它们之间不存在高度的相关性，尤其是控制变量与核心解释变量 FDI_ GDP、FDI × FDI 之间的相关系数都在可以接受的范围之内，不至于对实证检验造成影响。

本章所用数据样本是中国 30 个省区在 1985 ~ 2004 年关于前述各变量的数据。[①] 具体而言，相关的分省数据来自《新中国五十年统计资料汇编》、锐思金融研究（RESET）数据库，以及各年度《中国统计年鉴》、各地区统计年鉴等。

5.2.3　方法与模型

考虑到中国各地区的差异与改革过程的阶段性，参照林毅夫等（2008）的方法，实证检验采用省际面板数据双向固定效应分析法，在所有回归中均控制了地区效应和时间效应。面板数据结构中不可观测的个体异质性可能与模型的解释变量相关，从而导致估计系数有偏差或不一致（Wooldridge，2010），出于稳健性的考虑，我们应当采用固定效应而不是随机效应的模型设定以控制地区效应的影响。同时，我们慎重考虑了内生性问题。FDI 和某些解释变量可能是内生的，不

---

①　由于数据缺失，样本不包含西藏自治区，直辖市分别单列出来。

用适当的工具变量加以控制，得到的结果将是有偏误的。根据已有文献并结合中国实际，实证检验使用 1992 年沿海城市大开放这个外生政策冲击亚变量作为 FDI 的工具变量。通过使用工具变量的两步估计法，进一步检验 FDI 与产业结构调整关系的稳健性。

5.3 实证检验与分析

5.3.1 基本的双向固定效应模型

在我们的模型中，α_i 和 γ_t 分别控制了地区效应和时间效应。表 5 - 2 报告了产业结构对 FDI 的主回归结果，所有回归方程均采用标准的固定效应设定。回归 1、4、7 只引入核心解释变量 FDI，回归 2、5、8 引入 FDI 的平方项以考察 FDI 的产业结构调整的非线性效应，回归 3、6、9 引入了文献已识别出的其他控制变量。在前三列的估计结果中，FDI 的系数都在 1% 的水平上显著为正，若 FDI 与第三产业比重 ID3_ GDP 的关系可以解释为因果关系，则该结果意味着 FDI 对第三产业比重提升具有显著正向影响，FDI 增加有助于提升第三产业产值在 GDP 中的比重；这一结论与陈继勇（2009）的研究结果一致。FDI 进入第三产业，通过资本供给、溢出效应促进第三产业增长，导致第三产业比重上升。在回归 2、3 中，FDI 平方项系数为负，且在 1% 的水平上统计显著，这表明 FDI 对产业结构的影响呈现"倒 U 形"关系，即随着 FDI 占 GDP 比率的上升，FDI 对第三产业占 GDP 比重提升的边际影响将呈递减趋势。产生这种现象的原因可能与我国存在普遍的金融扭曲、市场分割等制度约束有关，如前文所述，长期来看，随着第三产业中 FDI 依赖度上升，制度约束产生的收入漏出效应将逐渐凸显，平减收入增长效应。因此，FDI 对第三产业的调整的边际效应呈递减趋势，且总体上表现为"倒 U 形"走势。

在回归 4 至回归 6 中，FDI 系数为负，且显著水平高达 1%，FDI 平方项系数在 1% 水平上显著为正，表明 FDI 增加导致第二产业产值在 GDP 中比重下降，且

总体上呈 "U 形" 走势。这一结论与张宇（2009）的研究结论基本一致。由于存在严重的制度约束，FDI 进入门槛过低以及形成了第二产业对 FDI 的过度依赖，收入漏出效应大大超过收入增长效应，FDI 对产业增长的总体效应为负，降低了第二产业比重，延缓了工业化进程。同时，随着改革推进、制度约束减弱，FDI 的外溢效应、收入增长效应逐步凸显，在一定程度上抵消了部分收入漏出效应，FDI 对第二产业比重的降低效应逐渐减小；总体上呈 U 型走势。这与 FDI 长期大量流入我国第二产业以及第二产业过度依赖 FDI 的实际情况相符。长期以来，流入中国的 FDI 中的大部分流入了第二产业。同时，在第二产业内部，FDI 多数分布于轻工业领域，主要投向劳动密集、加工出口的轻工业部门（郭克莎，2000；文东伟、冼国明、马静，2009）；抑制了重工业发展，从整体上拉低第二产业比重。从表面上来看，FDI 部分程度改变了工业内部演进路线，提升轻工业比重、降低重工业比重；与我国改革开放后国家实行的优先发展轻工业、矫正重工业过度发展的路线是一致的。但是这种对第二产业比重降低的矫正是以收入漏出为代价的，FDI 在第二产业的收入漏出效应过大将不利于第二产业内部本身的高级化进程（张宇，2009）。至此，我们的实证结果验证了假说 1 和假说 2。

同样，在回归 7 至回归 9 中，FDI 系数为正，且显著水平高达 1%，FDI 平方项系数在 1% 水平上显著为负，表明 FDI 增加有助于提升第三产业相对于第二产业的比重。意即：随着 FDI 的增加，相对于第二产业，第三产业增长得更快。这种提升的边际效应同样呈现递减趋势。这种效应是上述两种效应综合的结果。直观上我们同样可以看到，FDI 增长与第三产业比重上升趋势基本同步，第二产业比重则平稳波动。

5.3.2　工具变量法

在表 5-2 估计结果中，FDI 增加对第三产业占 GDP 比重提高有显著正向影响且边际效应递减呈倒 U 型走势，对第二产业比重提高却有显著的负向影响。这种产业结构调整效应不一定反映了 FDI 对第二、第三产业比重的影响，它们之间可能存在另外一个方向的因果关系。为了克服 FDI 可能存在的内生性问题，我们尝试采用 1992 年启动的全面对外开放这一政策冲击因素来构造工具变量。

表 5 - 2　FDI 与产业结构：双向固定效应模型的结果

变量	回归 - 1	回归 - 2	回归 - 3	回归 - 4	回归 - 5	回归 - 6	回归 - 7	回归 - 8	回归 - 9
	因变量：ID3_ GDP			因变量：ID2_ GDP			因变量：ID3_ ID2		
FDI	0.005 ***	0.019 ***	0.025 ***	- 0.011 ***	- 0.022 ***	- 0.045 ***	0.028 ***	0.068 ***	0.103 ***
	[0.002]	[0.004]	[0.005]	[0.003]	[0.005]	[0.006]	[0.008]	[0.017]	[0.022]
FDI × FDI		- 0.003 ***	- 0.005 ***		0.002 **	0.007 ***		- 0.008 ***	- 0.018 ***
		[0.001]	[0.001]		[0.001]	[0.001]		[0.003]	[0.005]
GOVC_ GDP			0.035 ***			- 0.039 **			0.157 ***
			[0.013]			[0.017]			[0.060]
LHCAPITAL			0.016 ***			0.023 ***			0.049 *
			[0.005]			[0.007]			[0.025]
URB			0.071 ***			- 0.114 ***			0.346 ***
			[0.014]			[0.018]			[0.065]
LNGDP			- 0.007			0.094 ***			- 0.162 ***
			[0.013]			[0.016]			[0.058]
GCFY			- 0.015			0.123 ***			- 0.308 ***
			[0.023]			[0.030]			[0.105]
R - Squared	0.732	0.741	0.760	0.225	0.233	0.400	0.361	0.370	0.438
Time FE					YES				
Prov FE					YES				
Obs.	590	590	541	590	590	541	590	590	541

注：方括号内报告标准误，＊、＊＊和＊＊＊分别表示在 10%、5% 和 1% 水平上统计显著。

5.3.2.1　1992 年启动的全面开放政策

为了说明这一方法的逻辑，我们简要分析 1992 年的对外开放政策对引进 FDI 的可能影响。1978 年改革开放后中国对外开放和吸引外商直接投资大体上分为以下两个阶段：第一，1978～1991 年，以沿海地区开放为重点的探索阶段。从总体上看，改革开放初期，利用外资规模较小、质量较低、总量少、单位项目投资量小。1979～1982 年 4 年间实际使用外资额仅 12 亿美元。1983 年，我国实际使用外资 22.6 亿美元，其中外商直接投资 9.2 亿美元；1990 年，实际使用外资

102.9 亿美元，其中外商直接投资 34.9 亿美元。[①] 第二，1992 年之后，对外开放加速向纵深推进，全方位开放格局基本形成。1992 年邓小平同志和党的十四大召开之际，党中央、国务院决定对 5 个长江沿岸城市，东北、西南和西北地区 13 个边境市县，11 个内陆地区省会城市实行沿海开放城市的政策。自此，中国形成了全国性、全方位的开放局面，FDI 对中国东、中、西部三大地域的全面影响逐步形成。这一时期，吸收外资进入高速发展时期。1992 年中国实际吸收外商直接投资首次突破 100 亿美元，是上一年的近 2.52 倍。随后，1993 年突破 200 亿美元，1994 年突破 300 亿美元，1996 年首次突破 400 亿美元。1992~2000 年，实际使用外商直接投资 3233 亿美元，年均利用外资金额达到 359 亿美元，是 1986~1991 年的 10 倍多。

1992 年邓小平同志"南方谈话"的全面开放政策显著地影响着 FDI，这一点得到了相关文献[②]的证实，对外开放改革的外生性和渐进性使得本书可以由此构造 FDI 的工具变量。

5.3.2.2　1992 年全面开放政策对 FDI 的影响

为了验证上述逻辑判断，下面首先检验 1992 年启动的全面开放政策是否影响了各地的 FDI。应用下面的计量模型：

$$FDI_{it} = \alpha_i + \gamma_t + \lambda_1 \cdot IV\_OPEN_{it} + \Phi \cdot CTRL_{it} + \xi_{it} \tag{5-4}$$

$$FDI_{it}^2 = \alpha_i + \gamma_t + \varphi_1 \cdot IV\_IV_{it} + \Phi \cdot CTRL_{it} + \xi_{it} \tag{5-5}$$

在式（5-4）和式（5-5）中，α_i 和 γ_t、FDI 与 FDI 的平方项的定义如前文。IV_ OPEN 反映 1992 年全面开放政策对各地区 FDI 的影响程度，定义为 IV × OPEN；IV_ IV 是 IV_ OPEN 的平方。其中，IV 是反映 1992 年对外开放政策的虚变量，1992 年及以后年份 IV 为 1；1991 年及之前年份，IV 为 0。OPEN 是各个地区的贸易开放度，具体为进口加出口除以 GDP。如果贸易开放度高，意味着该地区吸引 FDI 的能力越强。因此，我们预期，$\lambda_1 > 0$　$\varphi_1 > 0$。

运用双向固定效应方法对模型（5-4）、模型（5-5）进行估计，结果如表 5-3 所示。结果显示，IV_ OPEN 的系数在 1% 显著性水平上为正，加入控制变

---

① 中国历年引进外资的数据均来自国家商务部和国家统计局，下同。

② Cheng, Kwan（2000）；黄亚生（2005）；石薇（2007）；刘宇（2007）。

量之后仍然在 1% 显著性水平上为正。这表明，1992 年启动的全面开放政策对各地区 FDI 有显著正向影响（即 $\lambda_1 > 0$），与我们预期结论一致。全面开放政策显著影响各地区 FDI 流入。同时，以 FDI×FDI 为因变量的回归中，IV_ IV 的系数也在 1% 显著性水平上为正（即 $\varphi_1 > 0$，也与我们预期结论一致），添加控制变量后结果不变。由此，我们可以分别用 IV_ OPEN、IV_ IV 作为 FDI、FDI×FDI 的工具变量。

表 5-3　FDI 与产业结构：稳健性测试（工具变量法 Step1）结果

变量	回归-10	回归-11	回归-12	回归-13
	因变量：FDI_ GDP		因变量：FDI×FDI	
GOVC_ GDP		0.151		0.153
		[0.202]		[1.098]
LHCAPITAL		0.359***		1.312***
		[0.087]		[0.476]
URB		−0.281		−0.302
		[0.222]		[1.195]
IV_ IV			0.266***	0.817***
			[0.017]	[0.059]
LNGDP		−0.123		−1.485
		[0.194]		[1.046]
IV_ OPEN	0.592***	0.828***		
	[0.025]	[0.038]		
GCFY		1.292***		4.093**
		[0.351]		[1.909]
R-Squared	0.629	0.675	0.367	0.379
Time　FE			YES	
Prov　FE			YES	
Obs.	586	539	586	539

注：方括号内报告标准误，*、**和***分别表示在 10%、5% 和 1% 水平上统计显著。

5.3.2.3　FDI 与产业结构：工具变量法

现在使用工具变量对模型（5-1）、模型（5-2）、模型（5-3）进行重新估计，估计结果如表 5 - 4 所示。比较表 5 - 4 与表 5 - 2 可以看出：在 ID3_ GDP 为因变量的回归中，FDI 的系数仍然显著为正（FDI 平方项显著为负）；在 ID2_ GDP 为因变量的回归中，FDI 的系数仍然显著为负（FDI 平方项显著为正）；在 ID3_ ID2 为因变量的回归中，FDI 的系数仍然显著为正（FDI 平方项显著为负）。相应地，其他解释变量的估计系数也与前面保持一致。这表明模型（5 - 1）、模型（5 - 2）、模型（5 - 3）的估计结果具有较强的稳健性。

表 5 - 4　FDI 与产业结构：稳健性测试（工具变量法 Step2）结果

变量	回归 - 14	回归 - 15	回归 - 16	回归 - 17	回归 - 18	回归 - 19
	因变量：ID3_ GDP		因变量：ID2_ GDP		因变量：ID3_ ID2	
FDI_ GDP	0. 048 ***	0. 127 **	- 0. 094 ***	- 0. 254 ***	0. 202 ***	0. 556 **
	[0. 010]	[0. 051]	[0. 015]	[0. 088]	[0. 045]	[0. 230]
FDI × FDI	- 0. 007 ***	- 0. 028 **	0. 012 ***	0. 053 **	- 0. 026 ***	- 0. 119 **
	[0. 002]	[0. 013]	[0. 003]	[0. 023]	[0. 009]	[0. 059]
GOVC_ GDP		0. 014		- 0. 0002		0. 068
		[0. 020]		[0. 035]		[0. 092]
LHCAPITAL		0. 001		0. 053 ***		- 0. 038
		[0. 011]		[0. 019]		[0. 049]
URB（Lagged - 1）		0. 061 ***		- 0. 087 **		0. 282 ***
		[0. 022]		[0. 037]		[0. 098]
LNGDP（Lagged - 1）		- 0. 043 *		0. 144 ***		- 0. 304 ***
		[0. 025]		[0. 043]		[0. 113]
GCFY（Lagged - 1）		- 0. 021		0. 222 ***		- 0. 399 **
		[0. 042]		[0. 074]		[0. 193]
R - Squared	0. 700	0. 431	0. 025	0. 012	0. 262	0. 047
Time FE				YES		
Prov FE				YES		
Obs.	586	516	586	516	586	516

注：方括号内报告标准误，*、* * 和 * * * 分别表示在 10%、5% 和 1% 水平上统计显著。

5.4　本章小结

本章基于空间经济学，从制度约束视角，通过系统梳理中国特殊制度背景下 FDI 对产业结构调整的影响机制，并选取 1985～2004 年省际面板数据对二者关系进行实证检验。估计结果显示 FDI 占 GDP 比重增加有利于提高第三产业在经济中的比重、降低第二产业在经济中的比重；总体上有利于产业结构调整（有利于降低第二产业比重过大的情况），并且 FDI 的产业结构调整效应呈倒 U 型走势。值得指出的是，FDI 对第二产业比重降低的影响是通过收入漏出效应发生的，这非常不利于第二产业本身的高级化进程。本书的分析指出，FDI 通过其资本供给、溢出效应带来了收入增长、产业扩张效应，推动产业发展、提升产业在经济中的比重。同时，在开放经济条件下以及制度约束下，外资企业垂直关联很少、外溢效益较弱，对 FDI 的过度依赖导致了收入漏出效应，使产业收缩、产业在国民经济中比重趋于下降。FDI 的产业结构调整效应取决于两者的平衡，提升 FDI 对产业结构的优化效应也应从这两方面出发。

第6章 制度环境与FDI的产业增长效应

6.1 引言

与现有文献将 FDI 吸收能力理论、溢出效应与制度因素三者割裂开来研究不同（赵奇伟，2009），本章试图从东道国制度环境入手，我们创新性地将 FDI 吸收能力理论、溢出理论与制度环境融合起来，探讨制度对东道国吸收能力以及溢出效应的影响，最终启发我们思考制度质量影响 FDI 增长效应的具体机制，为 FDI 与东道国经济增长文献提供一个新颖的视角。

中国经济长期持续的高速发展已经成为经济增长史上的一个奇迹，探寻中国经济增长的背后的源泉与机制成为经济学家共同关注的热点。另外，FDI 作为一种集技术、管理和资金于一身的综合体，长期被视作发展中国家经济增长的救命稻草，中国也不例外。然而，"FDI 促进发展中国家经济增长"这一命题具有普适性吗？研究表明，FDI 对经济增长的作用依赖于发展中国家的发展战略、FDI 发生作用的时间以及发展中国家的吸收能力等条件（Balasubramanyam et al.，1996；Keller，1996；Barrio et al.，2005）。显然，FDI 既不是促进经济增长的必要条件，也不是促进经济增长的充分条件（Alfaro et al.，2004）。

通常认为 FDI 是通过技术外溢促进东道国经济增长的，但是已有研究结论却存在根本性的分歧，一些研究发现 FDI 确实通过技术外溢促进东道国经济增长（Blomstrom，1986；Kokko et al.，1996；Alfaro et al.，2004），另外一些研究者则发现 FDI 对东道国技术进步和经济增长不存在明显的正面影响，甚至会形成负向溢出效应（Haddad and Harrsion，1993；Aitken and Harrison，1999；Carkovic and Levine，2002）。实际上，FDI 促进发展中国家技术进步和经济增长是需要一定条件的，这些条件是什么，什么是 FDI 促进经济增长的具体条件和机制，则仍然需要进一步探讨。已有文献对于"技术溢出与吸收能力"的探讨最为充分，人力资本、金融发展、金融市场效率（Xu，2000；沈坤荣、耿强，2001；程惠芳，2002；Alfaro et al.，2004；代谦、别朝霞，2006；王永齐，2006；孙力军，2008）被认为度量吸收能力和溢出效应大小的重要指标，随后被诸多文献将其视作研究 FDI 对中国技术进步与经济发展促进作用的重要机制和通道。此外，还有文献甚至认为吸收能力理论在解释 FDI 溢出效应变量特征上存在一定的局限性，进而从东道国制度因素角度研究决定 FDI 溢出效应的根本性因素，据此解释 FDI 溢出效应的跨地区差异（赵奇伟，2009），这为我们提供了有益的启发。

进一步地讲，是什么因素影响了 FDI 的溢出效应方向以及东道国对 FDI 的吸收能力，进而导致了 FDI 进入引起的东道国增长绩效的差异？同样是大量吸引外资的发展中国家，为何大部分非洲和拉丁美洲国家的增长绩效远不如东南亚新兴经济体？对于诸如此类问题的关注和探讨，加上研究制度对贸易与增长联系的文献的不断兴起（Dollar and Karry，2003；Bormann et al.，2006），促使部分研究者开始关注东道国制度质量对外资增长绩效的影响（邵军、徐康宁，2008；赵奇伟，2009）。

与现有研究不同，我们更加关注制度质量影响 FDI 增长效应的具体机制及其在一国内部不同地区的产业增长效应。中国巨大的地理空间尺度差异以及渐进式改革的制度背景使得中国内部各个次区域之间不仅客观上呈现出类似于"跨国研究"的设计框架背景，而且在一定程度上克服了跨国研究中通常存在的会计标准和统计口径的不一致，以及社会规范、风俗习惯和价值观念等缺乏可比性等问题（郑志刚、邓贺斐，2010），这为我们有效地识别地区间的制度环境差异对 FDI 的产业增长效应创造了条件。以中国各省区作为研究对象具有非常重要的意义。首先，由于存在较为严重的制度约束，进入中国的 FDI 具有明显的"制度特征"（黄亚生，2005；聂爱云、陆长平，2012），这些特征进一步会对 FDI 的增长绩效产生影响。其次，自 1978 年改革开放以来，中国各省区改革进程不一、市场化程度不同、制度环境迥异，这为我们研究不同制度环境下的 FDI 增长效应提供了天然的实验场所。最后，厘清制度环境对 FDI 增长效应的影响机制及其在省际层面的具体效应，在理论层面，有助于拓展和丰富"理解中国经济增长奇迹"这一文献；在实践和政策层面，对于进一步做好吸收和利用外资推动中国经济增长转型升级具有一定的指导意义。

6.2 制度环境影响 FDI 增长效应的机制

近年来，国际上越来越重视从制度变迁和改革措施的视角研究经济绩效的影响因素，并为之提供更为丰富的经验证据。自 1978 年实行改革开放政策以来，中国经济实现长达 30 多年的高速增长，使得我们在研究中国经济增长的问题时，无法回避经济体制改革这一重大制度变迁过程对增长绩效的影响。制度是一个相当宽泛的概念，可以包括从产权、法律到文化等很多内容，产权保护是所有制度中最能解释经济绩效的关键（North and Thomas，1973；North，1981，1990）。制度对经济增长的推动作用也许不是直接的，而是通过明晰产权、建立各方相容的激励结构、提高要素配置效率等功能来促进其他投入要素的增长效应来实现的。具体到 FDI 来说，外资作为一种投入要素，要想使引入的外资在本国（本地）经济中发挥增长效应，需要相应的制度环境与之配套。跨国实证的证据显示，制度质量的差异决定了 FDI 推动东道国经济增长效应的大小（邵军、徐康宁，2008）。

中国在转轨过程中存在普遍性的制度约束，主要表现为法律与产权制度与金融制度不健全、市场分割严重以及政府激励制度偏差等（陆长平、聂爱云，2012）。长期的制度约束直接影响到 FDI 进入中国的成本，并进一步影响 FDI 类型。制度约束中最突出的两个具体表现为"对国内私人部门的制度性歧视"和"对外资企业的超国民待遇"（张宇，2009）。中国各地展开的 GDP 竞赛促使其对外资的优惠被放大到极致水平。据统计，2004 年"三资"企业的实际税率仅为 10.54%，远远低于国有企业（19.51%）和民营企业（19.78%）的水平（张宇，2009）。加上各地政府的土地和贷款方面的各项优惠，外资就以非常低廉的成本进入到中国。普遍性的制度约束导致的低廉进入成本不但导致了 FDI 的大量流入，同时导致大量进入中国的 FDI 类型具有非典型特征，其中突出表现为：FDI 企业出口导向性过强、在劳动力和资源密集型行业主导地位显著，FDI 项目的平均规模较小并且主要来自亚洲地区（特别是港澳台地区）（陆长平、聂爱云，2012）。低廉进入成本以及流入中国的 FDI 的非典型特征会大大降低流入外资与东道国本地经济形成有效联系的概率，如果 FDI 与东道国产业不能形成有效关联，则会强化 FDI 的收入漏出效应（钱学锋，2010），这都会导致 FDI 的溢出效应和增长效应减小，甚至为负。研究发现，来自发达国家的 FDI 会冲击发展中国家的民族产业，造成发展中国家民族产业的萎缩；尤其是，相对于发达国家的成本而言，如果 FDI 成本低廉，FDI 对民族（东道国）产业的冲击将更大（代谦、别朝霞，2006）。另外，诸如项目规模、FDI 企业出口比重之类的外资特征会直接影响 FDI 对中国经济增长的作用程度甚至方向，FDI 单项规模越大越有利于促进经济增长，但是外资企业出口比重越高则越不利于经济增长（郭熙保、罗知，2009）。

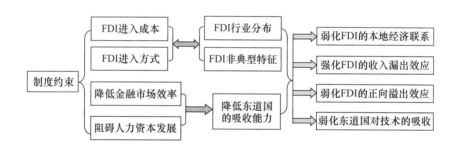

图 6 - 1　制度约束影响 FDI 的增长效应作用机制

FDI 的增长效应主要是通过溢出效应来实现的，而溢出效应的大小和方向是由东道国对 FDI 的吸收能力决定的。那么，是什么因素影响了 FDI 的溢出效应方向以及东道国对 FDI 的吸收能力，进而导致了 FDI 进入引起的东道国增长绩效的差异？东道国的制度环境可能是重要的。金融市场效率和人力资本发展被视为影响吸收能力的重要因素，普遍性的制度约束降低了金融市场的效率，同时阻碍了当地的人力资本积累，将会大大降低本地区引入 FDI 高技术的吸收能力，弱化 FDI 的正向溢出效应。而且，在制度约束条件下，会影响资本和其他要素的配置效率，在这种情况下各地区对 FDI 的竞争更加容易引起全局性的配置效率下降，造成效率损失，在一定程度上抵消了 FDI 本身所带来的增长效应（王文剑等，2007；赵奇伟，2009）。

综上，我们认为制度约束会影响 FDI 的进入成本和方式、FDI 的行业分布和特征，并进一步影响 FDI 的本地经济联系和溢出效应大小、方向。同时，制度约束会降低金融市场效率和阻碍人力资本形成，进而弱化东道国吸收能力，削弱 FDI 的增长效应。在制度约束的条件下，FDI 的增长效应将大大减少甚至为负；与之相反，如果一个地区制度质量不断得到改善，将有效促进该地区 FDI 的增长效应。

6.3 模型、数据与计量方法

6.3.1 计量模型设定

由于流入中国的 FDI 主要分布在第二产业，大量研究中国 FDI 的文献也聚焦于第二产业或者制造业及其内部行业，因此我们以工业作为研究对象，将工业总产值作为衡量 FDI 增长效应的产出指标。对于分省的制度环境度量，我们使用文献中使用最为广泛的樊纲等编制的《中国市场化指数：各地区市场化相对进程2011 年报告》中的相关数据构建而成（樊纲、王小鲁、朱恒鹏，2011）。需要指出的是，在制度约束或者说制度环境的指标选取问题上，我们认为，"中国市场化指数"从私有产权保护、法律与法规执行、产品与中间市场发展等方面，稳健地反映了制度环境对 FDI 产业增长效应的影响。当然，市场化指数是从制度改善来刻画制度环境的指数，实际上是制度约束的反面，因此我们只需要在对实证结果解释的时候从另一面来分析即可。[①]

樊纲、王小鲁、朱恒鹏（2011）最新编制和调整的"市场中介组织和法律制度环境指数"及其分项指数作为制度环境的代理变量，分别从市场中介组织发育、对生产者合法权益的保护、对知识产权的保护以及消费者权益保护四个维度捕捉地区的制度环境差异。近年来不少文献将该指标作为基于我国制度环境的反映法律对投资者权利保护程度的代理变量（夏立军、方轶强，2005；Li et al.，2006；王鹏，2008；郑志刚、邓贺斐，2010）。这套指数也被广泛地用于研究中国经济、金融和跨国公司活动（Chen et al.，2009；赵奇伟，2009；Gao et al.，2010；樊纲、王小鲁、马光荣，2011；Li et al.，2011；张杰、李克和刘志彪，2011）。郑志刚、邓贺斐（2010）认为，地区法律环境的差异不仅来自法律执行效率的差异，而且来自法律中介服务的差异，因此樊纲、王小鲁、朱恒鹏（2011）编制的"市场中介组织和法律制度环境指数"不仅反映了各地区的法律执行效率（与知识产权、生产和消费等经济活动相关的报案率、结案率等指标），同时也涵盖了市场中介组织的发育水平、产权保护和市场参与者权利的保护程度，从而能够更好地测度中国内部各地区制度环境所体现的法律对投资者权利保护程度的差异。同时，樊纲、王小鲁、朱恒鹏（2011）通过一定的技术手段将各地区在各指数上的得分统一处理为以 2001 年为基期的、口径一致的得分数据，可见更长的时间跨度数据增加了本书实证结果的可靠性。

本书选取中国 30 个省区（由于数据缺失，西藏除外）1990～2010 年的面板数据（Panel Data），参照赵奇伟（2009）的做法，我们采用下式所表示的模型进行实证检验。

$$GDPGY_{it} = \beta_0 + \beta_1 \cdot FDI_{it} + \beta_2 Ins_{it} + \beta_3 FDI_{it} \times Ins_{it} + \beta_4 Hcap_{it} + \beta_5 Unem_{it} + \beta_6 Unfinance_{it} + \alpha_i + \xi_{it} \tag{6-1}$$

其中，$GDPGY_{it}$ 为被解释变量，表示地区 i 在 t 年的工业总产值，工业总产值用工业品价格指数调整为实际值（1990 = 100）。FDI_{it} 是核心解释变量之一，模型中我们分别使用外资流量指标和存量指标来表示它，以利于考察 FDI 流入的短期

---

① 具体而言，在实证结果中，如果随着市场化程度的改进，FDI 的增长效应增强；相应地（反之），随着制度约束的加大，FDI 的增长效应将会减弱，以此类推。

效应和长期累积效应。其中，FDI 流量指标为地区 i 在第 t 年实际利用的外资额，用地区 i 在 t 年 FDI 占 GDP 比重 fdi_gdp 表示；为了增加计量分析的稳健性，我们还使用 FDI 与全社会固定资产投资总额之比来刻画 FDI 流量水平。此处，外资和固定资产投资数据使用各地区历年固定资产投资价格指数（1990 = 100）调整为实际值，各地区 GDP 数据则用每年的国内生产总值指数调整为实际值。

对于 FDI 存量数据，我们用 FDI 存量与 GDP 的比例 fdsg 来表示，同样出于稳健性考虑使用 FDI 存量与全社会固定资产投资总额之比 afds 来刻画 FDI 流量水平。外资存量数据使用 Halland Jones（1999）中采用的永续盘存法计算，即首先利用公式 $afds_{1990}^{i} = fds_{1990}^{i} / (g^{i} + \delta)$ 计算地区 i 在 1990 年的 FDI 存量。其中，$afds_{1990}^{i}$ 为地区 i 在 1990 年的 FDI 流量，参照朱彤等（2010）g^{i} 选取为 1997～2007 年人均 GDP 增长率，δ 为折旧率（选为 6%），然后再按照公式 $afds_{i,t}^{i} = (1 - \delta) afds_{i,t-1}^{i} + fds_{i,t}$ 来计算各年的 FDI 存量。

Ins_{it} 为核心解释变量之一，出于稳健性考虑，我们分别采用其中的三个指数来刻画：总市场化指数（mk）、政府与市场的关系（gm）、市场中介组织的发育和法律制度环境（zj）。对于市场化指数的构建方法和含义，具体参见樊纲等编制的《中国市场化指数：各地区市场化相对进程 2011 年报告》（樊纲、王小鲁、朱恒鹏，2011）。$Hcap_{it}$ 为地区 i 在第 t 年人力资本存量，用中等学校和高等学校在校人数表示；$Umem_{it}$ 为地区劳动力市场发展程度，用非国有单位从业人员占总就业人员比重来表示。$Unfinance_{it}$ 为非国有贷款，非国有贷款计算方法是，假设各省分配到国有企业的贷款与该省国有企业的固定资产投资额成正比，那么非国有贷款就等于全部信贷减去国有企业所占比重。α_i 和 γ_t 分别用于控制地区效应和时间效应，ξ_{it} 为随机误差项。

6.3.2 变量及数据说明

模型中各主要变量对应的描述性统计如表 6 - 1 所示。

我们考察了各解释变量与主要解释变量的相关度，Pearson 相关系数矩阵表明它们之间不存在高度的相关性，尤其是控制变量与核心解释变量 gdpgyr、fdi_gdp、mk、fdsg 之间的相关系数都在可以接受的范围之内，不至于对实证检验造成影响。

表 6 - 1　主要变量的描述性统计

变量	样本数	均值	标准差	最小值	最大值
gdpgyr	390	72.19	184.0	0.666	1516
fdi_gdp	420	15.79	15.97	0.293	97.63
afdi	420	17.55	16.39	0.517	83.75
fdsg	420	25.30	28.26	0.734	126.3
afds	420	30.16	35.63	1.349	242.2
mk	420	5.802	2.069	1.290	11.80
hcap	360	300.7	227.3	16.26	953.2
unfinance	417	8044	10683	79.22	68138

表 6 - 2　**Pearson** 相关系数

	gdpgyr	fdi_gdp	fdsg	mk	hcap	unem	unfinance
gdpgyr	1						
fdi_gdp	0.131	1					
fdsg	0.0558	0.868	1				
mk	0.207	0.713	0.538	1			
hcap	0.131	0.0985	0.0121	0.362	1		
unem	-0.146	-0.0600	-0.0680	0.267	0.396	1	
unfinance	0.249	0.477	0.323	0.722	0.416	0.193	1

　　本章所用数据样本是中国 30 个省区在 1990～2010 年关于前述各变量的数据。[①] 具体而言，相关的分省数据来自《新中国五十年统计资料汇编》各年度《中国统计年鉴》《中国劳动统计年鉴》《中国工业经济统计年鉴》，部分数据来自中经网数据库。

6.3.3　计量方法与模型

　　由于在我们实证模型中，FDI 本身可能存在内生性问题以及被解释变量（工业产出）和核心解释变量之间可能存在潜在的反向因果关系，会导致 OLS 估计

[①]　由于数据缺失，样本不包含港澳台地区和西藏自治区，直辖市分别单列出来。

参数有偏和非一致。因此，需要使用工具变量法消除内生性问题，而普通工具变量法的有效性取决于工具变量的选取，通常非常难获得合适的工具变量，因而容易导致普通工具变量估计法准确性的下降。而且，我们使用的是面板数据（Panel Data）模型，需要考虑所使用的估计方法能够控制非观测效应。固定效应和随机效应模型可以处理非观测效应，但是如果存在内生性和异方差，则固定效应和随机效应的估计参数都是不一致的。针对上述问题，Arellano 和 Bond（1991）、Arellano 和 Bove（1995）与 Blundell 和 Bond（1998）等提出的广义矩估计（GMM）方法可以有效地对此进行处理。这类方法通过对估计方程进行一阶差分消除非观测效应 α_i 的影响，再用被解释变量和内生性解释变量的高阶滞后项作为差分变量的工具变量，因此既可以避免因忽略一些必要解释变量所产生的误差，又能将上述由潜在的双向因果关系引起的内生性加以处理。GMM 估计方法有：Arellano 和 Bond（1991）提出的差分 GMM，Arellano 和 Bove（1995）与 Blundell 和 Bond（1998）通过将水平方程引入到差分 GMM 中，修正了差分 GMM，得到了系统 GMM。系统 GMM 的有效性取决于工具变量选取的有效性和残差差分项的序列相关性，可以通过 Hansen/Sargan 过度识别检验以及 Arellano – Bond AR（2）检验进行识别。我们分别报告了差分 GMM 和系统 GMM 估计结果，并分别报告 Hansen/Sargan 检验以及 Arellano – Bond AR（2）检验结果。

6.4 实证检验与分析

为了更好地控制内生性和潜在反向因果关系，我们采用系统广义矩估计模型（System GMM）进行估计，同时我们将差分广义矩估计模型（Difference GMM）的估计结果作为参照同样列入结果表格中。对实证检验的分析主要基于系统 GMM 的估计结果。表 6 - 3 是以工业总产值（gdpgy）作为被解释变量，分别以外资流量与地区 GDP 比值（fdi_ gdp）、外资流量与全社会固定资产比值（afdi）以及制度指数（mk）作为核心解释变量的估计结果。Hansen 检验表明，我们采用的计量模型均不能拒绝选取的工具变量不存在过度识别的原假设，即说明我们选取的工具变量是合理的。Arellano－Bond AR（2）检验结果表明，差分后的残差项不存在二阶序列相关，渐进服从标准正态分布。差分 GMM 和系统 GMM 的估计在系数大小和符号方向上均取得了较为一致的结论，因此这一结果具有一定的稳健性。

表 6－3 制度环境与 FDI 的增长效应（总市场化指数 mk）

	（1） dif1	（2） dif2	（3） dif3	（4） dif4	（5） sys1	（6） sys2	（7） sys3	（8） sys4
L. gdpgy	0.486 *** (0.01)	0.480 *** (0.01)	0.489 *** (0.01)	0.486 *** (0.01)	0.445 *** (0.11)	0.438 *** (0.10)	0.465 *** (0.13)	0.461 *** (0.13)
hcap	－ 0.0080 (0.01)	－ 0.0050 (0.01)	－ 0.0080 (0.01)	－ 0.0060 (0.01)	0.0001 (0.00)	0.0020 (0.00)	0.0001 (0.00)	0.0010 (0.00)
unem	－ 41.777 *** (10.20)	－ 34.207 *** (9.84)	－ 48.642 *** (10.59)	－ 46.307 *** (9.90)	16.337 *** (5.91)	10.980 * (6.00)	14.612 *** (5.05)	11.154 ** (4.83)
unfinance	0.001 *** (0.00)	0.0001 *** (0.00)	0.001 *** (0.00)	0.001 *** (0.00)	0.001 *** (0.00)	0.000 *** (0.00)	0.001 *** (0.00)	0.001 *** (0.00)
mk	－ 0.719 (0.59)	－ 1.274 ** (0.64)	－ 0.658 (0.57)	－ 1.061 * (0.60)	－ 0.284 (0.59)	－ 0.359 (0.65)	0.431 (0.55)	0.246 (0.70)
fdi_ gdp	0.065 ** (0.03)	－ 0.203 ** (0.09)			0.154 ** (0.08)	－ 0.279 ** (0.13)		
fdimk		0.038 *** (0.01)				0.063 *** (0.02)		
afdi			0.00900 (0.01)	－ 0.095 * (0.06)			0.0320 (0.05)	－ 0.178 ** (0.09)
afdimk				0.017 ** (0.01)				0.033 * (0.02)
Arellano － Bond	－ 1.407	－ 1.451	－ 1.461	－ 1.428	－ 0.534	－ 0.685	－ 0.520	－ 0.581
AR ［2］	［0.159］	［0.147］	［0.144］	［0.153］	［0.593］	［0.493］	［0.603］	［0.561］
Hansen	14.50	12.69	12.28	12.18	8.4	19.35	13.25	19.73
［p］	［0.106］	［0.177］	［0.198］	［0.203］	［0.396］	［0.113］	［0.152］	［0.102］

注：Arellano—BondAR（2）检验的零假设为差分后的残差项不存在二阶序列相关；Hansen 检验的零假设为选取的工具变量不存在过度识别；（）内为估计系数的标准差，［］内为 p 值，*、** 和 *** 分别表示 10%、5% 和 1% 的显著性水平。

6.4.1 实证结果与分析

实证检验结果基本符合我们的理论预期，即：制度约束会导致 FDI 的增长效应将大大减少甚至为负；与之相反，如果一个地区的制度质量不断得到改善，将会有效地促进该地区 FDI 的增长效应。为了体现估计结果的稳健性，我们分别采用"市场化总指数（mk）"以及市场化分指数中的"政府与市场的关系（gm）""市场中介组织的发育和法律制度环境（zj）"进行估计，并分别列示在表 6 - 3、表 6 - 4 和表 6 - 5 中。观察表 6 - 3 至表 6 - 5 中（5）~（8）栏中的结果可以发现，FDI 流量与市场化指数（mk、gm、zj）的交乘项（fdimk 与 afdimk、fdigm 与 afdigm、fdizj 与 afdizj）均显著为正，这表明一个地区的制度改善会促进 FDI 在该地区的增长效应。

表 6 - 4 制度环境与 FDI 的增长效应（政府与市场的关系 gm）

	(1) dif1	(2) dif2	(3) dif3	(4) dif4	(5) sys1	(6) sys2	(7) sys3	(8) sys4
L. gdpgy	0.483 *** (0.01)	0.479 *** (0.01)	0.486 *** (0.01)	0.481 *** (0.01)	0.445 *** (0.11)	0.434 *** (0.10)	0.467 *** (0.13)	0.467 *** (0.12)
hcap	-0.0090 (0.01)	-0.0070 (0.01)	-0.0080 (0.01)	-0.0050 (0.01)	0.0010 (0.00)	0.0010 (0.00)	0.0001 (0.00)	0.0010 (0.00)
unem	-52.390 *** (9.41)	-46.438 *** (9.97)	-58.641 *** (8.87)	-53.100 *** (9.29)	16.664 *** (6.11)	12.258 * (6.27)	15.244 *** (5.65)	9.971 (6.44)
unfinance	0.001 *** (0.00)	0.000 *** (0.00)	0.001 *** (0.00)	0.001 *** (0.00)	0.001 *** (0.00)	0.000 *** (0.00)	0.001 *** (0.00)	0.001 ** (0.00)
gm	0.547 *** (0.21)	0.0490 (0.24)	0.530 ** (0.21)	-0.113 (0.32)	-0.166 (0.30)	-0.602 * (0.33)	0.0960 (0.32)	-0.862 * (0.47)
fdi_ gdp	0.060 ** (0.03)	-0.282 *** (0.10)	—	—	0.146 ** (0.06)	-0.462 *** (0.17)	—	—
fdigm	—	0.047 *** (0.01)	—	—	—	0.084 *** (0.03)	—	—
afdi	—	—	0.00300 (0.01)	-0.218 ** (0.10)	—	—	0.0490 (0.04)	-0.421 ** (0.18)

续表

	(1) dif1	(2) dif2	(3) dif3	(4) dif4	(5) sys1	(6) sys2	(7) sys3	(8) sys4
afdigm	—	—	—	0.034** (0.01)	—	—	—	0.070** (0.03)
Arellano – Bond	−1.495	−1.407	−1.493	−1.501	−0.576	−0.598	−0.482	−0.631
AR [2]	[0.135]	[0.159]	[0.135]	[0.133]	[0.565]	[0.550]	[0.630]	[0.528]
Hansen	13.48	12.17	11.08	11.41	7.55	13.98	15.20	15.86
[p]	[0.142]	[0.204]	[0.270]	[0.249]	[0.479]	[0.174]	[0.125]	[0.104]

注：Arellano—BondAR（2）检验的零假设为差分后的残差项不存在二阶序列相关；Hansen 检验的零假设为选取的工具变量不存在过度识别；（）内为估计系数的标准差，［］内为 p 值，＊、＊＊和＊＊＊分别表示 10%、5% 和 1% 的显著性水平。

实际上，随着地区制度质量的提升、市场化程度的提高，首先，会改善该地区的资源配置效率（即生产要素由生产率低的企业和部门流向生产率高的企业和部门），实现效率提高（樊纲、王小鲁和马光荣，2011）。而且，市场化程度越高，则该地区的本地企业竞争越充分，FDI 对本地投资的挤出效应将越弱，或者说挤入效应越强（程培堽等，2009）。这些都将增大地区内部的本地企业自生能力提升幅度，进一步强化东道国企业对 FDI 的吸收能力，进而促进 FDI 正向溢出效应和增长效应。其次，随着制度约束的缓解，市场化越发达的地方，金融市场效率越高、人力资本也越容易积累，有利于提升本地区对 FDI 高技术的吸收能力，促进 FDI 对地区工业的增长效应。最后，从引进外资成本和外资类型的角度来看，制度约束较严重的地方由于过低的外资进入成本，更容易形成过度的外资依赖（张宇，2009），并且造成引进外资的质量下降，反之，市场化较好的地方，外资依赖程度会降低、FDI 质量会提高。例如，研究发现，金融扭曲这种特殊的制度约束是导致外资大量流入我国的重要因素（朱彤、漆鑫和张亮，2010）。而且，过度依赖外资会带来收入漏出效应、阻碍 FDI 的溢出效应、强化 FDI 的市场掠夺效应，进而阻碍东道国的产业增长与产业升级（张宇，2009；程培堽等，2009；聂爱云、陆长平，2012）。因此，从引进外资成本和质量角度来看，制度

表 6 - 5　制度环境与 FDI 的产业增长效应（市场中介组织

的发育和法律制度环境 zj）

	(1) dif1	(2) dif2	(3) dif3	(4) dif4	(5) sys1	(6) sys2	(7) sys3	(8) sys4
L. gdpgy	0.488 ***	0.486 ***	0.491 ***	0.490 ***	0.445 ***	1.170 ***	0.464 ***	1.733 ***
	(0.01)	(0.01)	(0.01)	(0.01)	(0.11)	(0.01)	(0.13)	(0.08)
hcap	-0.0080	-0.0060	-0.0070	-0.0050	0.0001	0.0010	0.0001	0.001 *
	(0.01)	(0.02)	(0.01)	(0.01)	(0.00)	(0.00)	(0.00)	(0.00)
unem	-45.500 ***	-40.749 ***	-51.868 ***	-48.066 ***	15.674 *	5.493	18.265 **	-8.535 **
	(8.95)	(10.66)	(9.24)	(8.87)	(8.94)	(4.81)	(7.96)	(4.07)
unfinance	0.001 ***	0.000 ***	0.001 ***	0.001 ***	0.001 ***	0.000 ***	0.001 ***	0.001 ***
	(0.00)	(0.00)	(0.00)	(0.00)	(0.00)	(0.00)	(0.00)	(0.00)
zj	-0.0980	-0.511	-0.0670	-0.359	-0.0140	-0.523	0.342	-0.712 **
	(0.27)	(0.35)	(0.27)	(0.30)	(0.46)	(0.40)	(0.44)	(0.29)
fdi_ gdp	0.062 **	-0.0680			0.140 **	-0.0710		
	(0.03)	(0.07)			(0.07)	(0.07)		
fdizj	—	0.023 *	—	—	—	0.033 *	—	—
		(0.01)				(0.02)		
afdi	—	—	0.00600	-0.0650	—	—	0.0430	-0.075 **
			(0.01)	(0.04)			(0.04)	(0.04)
afdizj	—	—	—	0.013 *	—	—	—	0.018 ***
				(0.01)				(0.01)
Arellano - Bond	-1.547	-1.515	-1.550	-1.541	-0.545	1.050	-0.530	-0.750
AR [2]	[0.122]	[0.130]	[0.121]	[0.123]	[0.586]	[0.294]	[0.596]	[0.453]
Hansen	14.04	12.27	11.71	11.32	18.34	24.62	16.73	6.993
[p]	[0.121]	[0.139]	[0.230]	[0.254]	[0.145]	[0.103]	[0.212]	[0.321]

注：Arellano—BondAR（2）检验的零假设为差分后的残差项不存在二阶序列相关；Hansen 检验的零假设为选取的工具变量不存在过度识别；（）内为估计系数的标准差，[ ]内为 p 值，*、** 和 *** 分别表示 10%、5% 和 1% 的显著性水平。

质量的改善或者说制度约束的缓解将有利于提升引进外资质量、促进外资的溢出效应。其他几个控制变量也基本符合理论预期，非国有贷款比重增加有利于产业增长，而非国有单位从业人员占总就业人员比重则显著地降低了产业增长水平，说明我国大部分技术性密集、人力资本密集人才仍然集聚于国有企业。

进一步，我们观察和比较表 6-3～表 6-5 中（5）、（7）和（6）、（8）栏中的结果可以发现，在没有加入 FDI 与市场化的交互项的（5）和（7）的估计结果中，FDI 表现出了（显著的和不显著的）增长效应。特别是在 FDI 与地区 GDP 比值的回归结果中，FDI 表现出显著的增长效应。也就是说，FDI 对地区工业增长可能具有促进效应，这种促进效应可能是通过 FDI 的资本效应和溢出效应来诱发的。根据已有研究，其中溢出效应又可分为正向溢出和负向溢出效应（或称市场窃取、市场掠夺效应）（赵奇伟，2009；程培堽等，2009）。最终 FDI 在该地区的产业增长效应可能取决于 FDI 的资本效应、正向溢出效应和负向溢出效应三者总和的大小。

在表 6-3～表 6-5 估计结果的（6）栏和（8）栏，FDI（fdi_gdp 与 afdi）的符号显著为负，而 FDI 与市场化指数的交乘项均显著为正。在控制住了市场化程度的情况下，FDI 的增长效应不再为正，甚至转变为显著的负效应。此时，FDI 与市场化指数的交乘项均显著为正，意味着随着地区市场化程度越高，则 FDI 在该地区的产业增长效应将显著增强。这说明，FDI 对东道国（地区）的产业增长效应是通过当地制度环境改善来实现的。在控制住了 FDI 在制度环境改善条件导致的产业增长效应之外，余下部分 FDI 的增长效应不再为正，而是变成显著的负效应。通过改善地区制度质量，有效地发挥了 FDI 对地区产业增长的资本效应，同时好的制度环境诱发了 FDI，并通过技术扩散、加强与本地上下游企业的垂直关联、知识溢出等方式发挥其正向溢出效应，进而形成显著的正向增长效应。在分离出上述效应之后，FDI 可能就只剩下了通过与本地企业竞争、挤出本地国内资本投资、挤占本土企业市场份额等形式形成市场掠夺的负向溢出效应。因此，要更加有效地发挥 FDI 总体的产业增长效应，应该从优化东道国（地区）的制度环境入手，更有效地促进正向溢出、抑制负向溢出。

6.4.2　稳健性检验

在表 6-6～表 6-8 中，我们对应表 6-3～表 6-5 分别给出了使用依据 Hall and Jones（1999）中采用的永续盘存法计算的外商投资存量作为解释变量时的估计结果。从其中（5）~（8）栏的估计结果可以看出，所有解释变量估计参数的符号均符合前述理论预期。尤其是核心解释变量 FDI 存量（fdsg、afds）与市场化指数（mk、gm、zj）的交乘项（fdsmk 与 afdsmk、fdsgm 与 afdsgm、fdszj 与 afdszj）均显著为正，这表明一个地区的制度改善会促进 FDI 在该地区的增长效应，这一结论具有较强的稳健性。而且，在表 6 - 6 ~ 表 6 - 8 估计结果的（6）栏和（8）栏，FDI 存量（fdsg 与 afds）的符号显著为负。在控制住了市场化程度的情况下，FDI 存量的增长效应不再为正，而是转变为显著的负效应。进一步表明，我们的理论预期与实证结果具有一致性，并且实证结果不受变量选取的影响，且具有很强的稳健性。

表 6 - 6　制度环境与 FDI 的产业增长效应（总市场化指数 mk）：稳健性检验

	(1) dif1	(2) dif2	(3) dif3	(4) dif4	(5) sys1	(6) sys2	(7) sys3	(8) sys4
L. gdpgy	0. 501 ***	0. 465 ***	0. 523 ***	0. 508 ***	0. 475 ***	0. 464 ***	1. 798 ***	1. 784 ***
	(0. 02)	(0. 02)	(0. 03)	(0. 03)	(0. 12)	(0. 11)	(0. 09)	(0. 09)
hcap	0. 0390	- 0. 0160	0. 085 *	0. 075 *	0. 0100	0. 0130	0. 0010	0. 0001
	(0. 03)	(0. 04)	(0. 05)	(0. 04)	(0. 01)	(0. 01)	(0. 00)	(0. 00)
unem	7. 396	- 36. 02	32. 45	30. 68	0. 0560	- 7. 107	- 3. 599	- 3. 610
	(44. 19)	(45. 59)	(59. 41)	(53. 55)	(12. 22)	(15. 28)	(3. 80)	(4. 07)
unfinance	0. 000 **	0. 001 ***	0. 000 *	0. 001 ***	0. 0001 *	0. 001 ***	0. 001 ***	0. 001 ***
	(0. 00)	(0. 00)	(0. 00)	(0. 00)	(0. 00)	(0. 00)	(0. 00)	(0. 00)
mk	0. 229	- 2. 715	1. 097	- 0. 824	0. 475	- 0. 00400	- 0. 924 ***	- 1. 075 ***
	(0. 99)	(1. 69)	(1. 43)	(1. 28)	(0. 80)	(1. 10)	(0. 33)	(0. 31)
fdsg	0. 068 **	- 0. 318 **			0. 0290	- 0. 249 **		
	(0. 03)	(0. 13)			(0. 03)	(0. 10)		
fdsmk		0. 054 ***				0. 047 **		
		(0. 02)				(0. 02)		
afds			- 0. 0630	- 0. 214 ***			0. 020 **	- 0. 036 *
			(0. 05)	(0. 08)			(0. 01)	(0. 02)
afdsmk				0. 029 **				0. 009 ***
				(0. 01)				(0. 00)

续表

	（1） dif1	（2） dif2	（3） dif3	（4） dif4	（5） sys1	（6） sys2	（7） sys3	（8） sys4
Arellano－ Bond	－ 1. 372	－ 1. 50	－ 0. 480	－ 0. 880	－ 0. 698	－ 0. 882	－ 0. 670	－ 0. 740
AR［2］	［0. 170］	［0. 134］	［0. 631］	［0. 379］	［0. 485］	［0. 378］	［0. 501］	［0. 459］
Hansen	6. 838	4. 067	4. 615	4. 371	7. 42	9. 61	7. 026	6. 659
［p］	［0. 336］	［0. 668］	［0. 465］	［0. 497］	［0. 492］	［0. 294］	［0. 219］	［0. 247］

注：Arellano—BondAR（2）检验的零假设为差分后的残差项不存在二阶序列相关；Hansen 检验的零假设为选取的工具变量不存在过度识别；（）内为估计系数的标准差，［］内为 p 值，＊、＊＊和＊＊＊分别表示 10%、5% 和 1% 的显著性水平。

表 6 - 7　制度环境与 FDI 的产业增长效应（政府与市场的关系 gm）：稳健性检验

	（1） dif1	（2） dif2	（3） dif3	（4） dif4	（5） sys1	（6） sys2	（7） sys3	（8） sys4
L. gdpgy	0. 509＊＊＊ （0. 02）	0. 506＊＊＊ （0. 02）	0. 511＊＊＊ （0. 02）	0. 515＊＊＊ （0. 02）	0. 475＊＊＊ （0. 13）	0. 472＊＊＊ （0. 12）	0. 489＊＊＊ （0. 14）	0. 487＊＊＊ （0. 14）
hcap	0. 0800 （0. 05）	0. 0610 （0. 05）	0. 0810 （0. 08）	0. 0890 （0. 08）	0. 0100 （0. 01）	0. 0110 （0. 01）	0. 0001 （0. 00）	0. 0010 （0. 00）
unem	49. 36 （68. 58）	33. 97 （64. 43）	38. 26 （99. 28）	50. 27 （105. 66）	0. 779 （14. 15）	－ 1. 603 （14. 72）	11. 888＊＊ （5. 07）	10. 310＊ （5. 74）
unfinance	0. 001＊＊＊ （0. 00）	0. 000＊＊＊ （0. 00）	0. 001＊＊＊ （0. 00）	0. 001＊＊＊ （0. 00）	0. 0001＊ （0. 00）	0. 001＊＊＊ （0. 00）	0. 001＊＊＊ （0. 00）	0. 001＊＊＊ （0. 00）
gm	0. 788 （0. 74）	－ 0. 0810 （0. 94）	0. 610 （0. 83）	－ 0. 0780 （1. 15）	－ 0. 164 （0. 41）	－ 0. 672 （0. 46）	0. 0650 （0. 36）	－ 0. 446 （0. 39）
fdsg	0. 0920 （0. 06）	－ 0. 0660 （0. 08）			0. 0430 （0. 03）	－ 0. 274＊＊ （0. 12）		
fdsgm		0. 020＊ （0. 01）				0. 044＊＊ （0. 02）		
afds			－ 0. 0500 （0. 05）	－ 0. 128＊ （0. 07）			0. 0110 （0. 01）	－ 0. 146＊＊ （0. 07）

续表

	（1）	（2）	（3）	（4）	（5）	（6）	（7）	（8）
	dif1	dif2	dif3	dif4	sys1	sys2	sys3	sys4
afdsgm				0.013*				0.022**
				(0.01)				(0.01)
Arellano － Bond	0.164	－0.371	－0.0910	－0.0240	－0.757	－0.718	－0.630	－0.614
AR［2］	［0.870］	［0.710］	［0.928］	［0.981］	［0.449］	［0.473］	［0.529］	［0.539］
Hansen	5.886	6.387	5.354	5.583	13.97	14.38	14.69	14.11
［p］	［0.436］	［0.381］	［0.374］	［0.349］	［0.123］	［0.109］	［0.144］	［0.168］

注：Arellano—BondAR（2）检验的零假设为差分后的残差项不存在二阶序列相关；Hansen 检验的零假设为选取的工具变量不存在过度识别；（）内为估计系数的标准差，［］内为 p 值，*、** 和 *** 分别表示 10%、5% 和 1% 的显著性水平。

表6-8　制度环境与 FDI 的产业增长效应（市场中介组织的发育和法律制度环境 zj）：稳健性检验

	（1）	（2）	（3）	（4）	（5）	（6）	（7）	（8）
	dif1	dif2	dif3	dif4	sys1	sys2	sys3	sys4
L.gdpgy	0.515***	0.510***	0.530***	0.508***	1.158***	1.657***	1.761***	1.766***
	(0.03)	(0.03)	(0.03)	(0.02)	(0.02)	(0.09)	(0.10)	(0.08)
hcap	0.0890	0.100	0.113	0.0730	－0.0020	－0.0010	0.0010	0.001**
	(0.06)	(0.07)	(0.08)	(0.05)	(0.01)	(0.00)	(0.00)	(0.00)
unem	61.28	69.41	73.19	39.55	3.219	－1.880	－9.553**	－10.388**
	(68.39)	(67.95)	(101.21)	(70.49)	(7.47)	(3.71)	(4.25)	(4.79)
unfinance	0.001***	0.0001***	0.001***	0.001***	0.001**	0.001***	0.0001***	0.001***
	(0.00)	(0.00)	(0.00)	(0.00)	(0.00)	(0.00)	(0.00)	(0.00)
zj	0.287	－0.571	0.334	－1.163	－0.258	－0.674***	－0.477	－0.887***
	(0.63)	(0.60)	(0.78)	(0.83)	(0.52)	(0.19)	(0.35)	(0.28)
fdsg	0.079*	－0.107			0.0150	－0.040***		
	(0.05)	(0.10)			(0.02)	(0.01)		
fdszj		0.031**				0.012***		
		(0.01)				(0.00)		

续表

	(1)	(2)	(3)	(4)	(5)	(6)	(7)	(8)
	dif1	dif2	dif3	dif4	sys1	sys2	sys3	sys4
afds			− 0.0680	− 0.238 **			0.011 **	− 0.041 ***
			(0.05)	(0.11)			(0.01)	(0.01)
afdszj				0.037 **				0.012 ***
				(0.02)				(0.00)
Arellano – Bond	− 0.0720	− 0.308	0.198	− 1.084	1.126	− 0.680	− 0.720	− 0.710
AR [2]	[0.942]	[0.758]	[0.843]	[0.278]	[0.260]	[0.496]	[0.470]	[0.476]
Hansen	5.976	5.616	5.772	4.136	14.18	6.27	6.889	6.579
[p]	[0.309]	[0.345]	[0.449]	[0.658]	[0.289]	[0.281]	[0.331]	[0.362]

注：Arellano—Bond AR（2）检验的零假设为差分后的残差项不存在二阶序列相关；Hansen 检验的零假设为选取的工具变量不存在过度识别；（）内为估计系数的标准差，[ ] 内为 p 值，*、** 和 *** 分别表示 10%、5% 和 1% 的显著性水平。

6.5　本章小结

FDI 的产业增长效应及其发生机制对于理解中国经济增长至关重要。已有众多 FDI 与经济增长的文献较少考虑到东道国的制度环境对 FDI 增长效应的影响，因而难以避免地得到不同甚至是相互冲突的结论。从东道国制度环境入手，我们创新性地将 FDI 吸收能力理论、溢出理论与制度环境纳入一个统一的分析框架，探讨了制度质量对东道国吸收能力、FDI 溢出效应的影响机制，最终形成了制度质量影响 FDI 产业增长效应的具体机制。制度约束会导致 FDI 的增长效应将大大减少甚至为负；与之相反，如果一个地区的制度质量不断得到改善，将会有效地促进该地区 FDI 的增长效应。普遍性的制度约束直接导致了 FDI 进入中国的超低成本，并进一步导致外资项目规模过小、外资企业出口导向过强、外资集聚于劳动力和资源密集型行业等非典型 FDI 特征。低廉进入成本以及流入中国的 FDI 的非典型特征，大大降低了 FDI 企业与本地企业的垂直关联，还形成了收入漏出效应。因此导致 FDI 的溢出效应和增长效应减小甚至为负。与此同时，普遍性的制度约束降低了金融市场效率的同时阻碍了当地的人力资本积累，大大降低了本地区引入 FDI 高技术的吸收能力，弱化 FDI 的正向溢出效应。在制度约束条件下，会影响资本和其他要素的配置效率，在这种情况下各地区对 FDI 的竞争更加容易引起全局性的配置效率下降，造成效率损失，在一定程度上抵消 FDI 本身所带来的增长效应。

接着，我们采用中国各省区 1990~2010 年面板数据和系统 GMM 估计方法对上述机制进行了实证检验与分析。实证结果验证了"东道国（地区）制度改善会促进 FDI 的产业增长效应"的理论观点。实证结果表明，在控制住了市场化程度的情况下，FDI 的增长效应不再为正，甚至转变为显著的负效应。这说明东道国（地区）制度环境在 FDI 发挥增长效应过程中具有非常关键的作用，这也可能是诸多未考虑东道国制度环境条件下 FDI 与经济增长文献得出不同结论的根本原因。FDI 对东道国（地区）的产业增长效应是通过当地制度环境改善来实现的，随着地区市场化程度的提高，FDI 在该地区的产业增长效应显著增强。要更加有效地发挥 FDI 总体的产业增长效应，应该从优化东道国（地区）的制度环境入手，通过改善制度质量，提高资源配置效率、优化引进外资质量，从而更加有效地抑制负向溢出效应，以此强化 FDI 对东道国的资本效应和正向溢出效应。

第7章 结论、政策含义与研究展望

7.1 研究结论

长期以来，为了促进经济增长，发展中国家和地区将 FDI 奉为圭臬。FDI 也一直被简单地认为是促进东道国经济增长的肯定性变量。随着研究的进一步深入和细化，更加细致的研究发现，FDI 在各国的经济绩效差别很大，外商直接投资促进东道国增长是有条件的。FDI 促进东道国增长所赖以发挥的溢出机制、技术带动机制等是需要东道国具备一定的人力资源和金融市场效率等的门槛。更为重要的是，FDI 通过上述机制促进经济增长具有一定的制度门槛，制度环境对于FDI 的经济效应具有关键作用，东道国和地区的制度质量是影响其 FDI 经济绩效的重要因素。本书从制度环境入手，研究了东道国制度环境对 FDI 流入的影响以及对 FDI 类型和特征的影响。在此基础上，研究了制度环境影响 FDI 及其经济效应的理论机制，进一步地讲，本书从制度环境（制度约束）视角研究了 FDI 对在产业层面的具体经济效应。首先，从空间经济学和制度约束视角，采用中国省级面板数据研究了 FDI 对产业结构调整的影响效应；其次，采用系统 GMM 方法，利用中国省级层面的面板数据研究了制度环境对 FDI 产业增长效应的影响。全书得到如下主要结论：

（1）中国存在的制度性约束问题突出表现在金融体制不健全、地区市场分割、政府激励制度偏差以及法律与产权保护制度不健全等方面。转轨时期，国内经济制度环境以及 FDI 政策的演进对流入中国的 FDI 产生重要影响。这些根植于中国经济内部的制度约束对于转型时期中国的 FDI 流入特征具有非常深刻的影响，它直接导致中国的国有企业"有资产无能力"、民营企业"有能力无资产"，且与外资企业相比，中国国内企业相对竞争力普遍不足，进而导致大量流入中国的 FDI 具有明显的非典型特征。对于中国的 FDI 而言，国内经济制度约束在很大程度上影响着 FDI 的进入模式与类型、结构。总体上，由于制度约束的存在，流入中国的 FDI 表现出以下几个明显的非典型特征：第一，吸引 FDI 的绝对规模明显高于其他国家，特别是 1992 年之后 FDI 大规模流入中国，流入中国的 FDI 占世界总 FDI 中的百分比显著高于其他新兴经济国家。第二，从产业和行业层面来看，外商直接投资主要集中于第二产业，而其在我国制造业的分布仍未摆脱集中于劳动密集型部门、中低技术密集型部门、高技术密集型行业的中低端这样的局面，并且外资企业呈现显著的出口密集特征。第三，中国 FDI 的质量相对较低。与规模庞大的 FDI 相对应，流入我国的 FDI 总体质量较低，技术含量不高，对国内企业的示范效应与正向技术溢出效应有限。

（2）我们从中国现行的制度环境出发，从制度约束视角系统梳理了制度对 FDI 流入原因、流入规模、类型等的具体影响，提出了 FDI 研究的环境—战略—行为—绩效（ESCP）分析框架。制度约束下的 FDI（企业）普遍缺乏关联效应、正面溢出效应受到"制度门槛"抑制、容易产生收入漏出等，总体上不利于产业增长与产业内部的高级化进程，也不利于产业升级调整与发展方式转变。严重的外资依赖抑制了国内企业创新，FDI 正面溢出效应大大削弱，负面溢出效应凸显。具体而言，收入漏出效应导致产业收缩，结构固化效应则导致第二产业内部结构长期锁定于中低端。制度对于引进外资非常重要，除了技术门槛，FDI 正面溢出效应的产生还具有一定的"制度门槛"。当然，FDI 大量流入对中国经济增长和产业结构调整发挥了较大的积极作用，但这种作用是在中国存在严重制度约束的条件下产生的，其成本高昂；另外，应该重新审视高昂成本产生的机制及其对提高引资质量与提升利用外资效率的影响，在新时期引资政策中应以改善制度环境为依托提出相应的治理措施。

（3）基于空间经济学，从制度约束视角，通过系统梳理中国特殊制度背景下 FDI 对产业结构调整的影响机制，并选取 1985～2004 年省际面板数据对两者关系进行实证检验。估计结果显示，FDI 占 GDP 比重增加有利于提高第三产业在经济中的比重、降低第二产业在经济中的比重；总体上有利于产业结构调整（有利于降低第二产业比重过大），并且 FDI 的产业结构调整效应呈"倒 U 型"走势。值得指出的是，FDI 对第二产业比重降低的影响是通过收入漏出效应发生的，这非常不利于第二产业本身的高级化进程。FDI 通过其资本供给、溢出效应带来了收入增长、产业扩张效应，推动产业发展、提升产业在经济中的比重。同时，在开放经济条件下以及制度约束下，外资企业垂直关联很少、外溢效益较弱，对 FDI 的过度依赖导致了收入漏出效应，并使产业收缩、产业在国民经济中比重趋于下降。FDI 的产业结构调整效应取决于两者的平衡；提升 FDI 对产业结构的优化效应也应从这两方面出发。

（4）制度约束会导致 FDI 的增长效应将大大减少甚至为负；与之相反，如果一个地区的制度质量不断得到改善，将会有效地促进该地区 FDI 的增长效应。普遍性的制度约束直接导致了 FDI 进入中国的超低成本，并进一步导致外资项目规模过小、外资企业出口导向过强、外资集聚于劳动力和资源密集型行业等非典型 FDI 特征。低廉进入成本以及流入中国的 FDI 的非典型特征，大大降低了 FDI 企业与本地企业的垂直关联，形成了收入漏出效应。在因此导致 FDI 的溢出效应和增长效应减小甚至为负。与此同时，普遍性的制度约束降低了金融市场效率同时阻碍当地的人力资本积累，大大降低了本地区引入 FDI 高技术的吸收能力，弱化 FDI 的正向溢出效应。在制度约束条件下，会影响资本和其他要素的配置效率，在这种情况下各地区对 FDI 的竞争更加容易引起全局性的配置效率下降，造成效率损失，在一定程度上抵消 FDI 本身所带来的增长效应。

采用中国各省区 1990～2010 年面板数据和系统 GMM 估计方法的实证研究表明，在控制住市场化程度的情况下，FDI 的增长效应不再为正，甚至转变为显著的负效应。这说明东道国（地区）制度环境在 FDI 发挥增长效应过程中具有非常关键的作用，这也可能是诸多未考虑东道国制度环境条件下 FDI 与经济增长文献得出不同结论的根本原因。FDI 对东道国（地区）的产业增长效应是通过当地制度环境改善来实现的，随着地区市场化程度的提高，FDI 在该地区的产业增长效应显著增强。

7.2 政策含义

上述研究结论蕴含了相应的政策含义:

(1)制度约束是影响流入中国 FDI 特征的重要因素,并且使得中国的 FDI 具有一些不同于其他发展中国家的特点,进一步地会影响 FDI 在中国各个地区的经济效应。因此,与以往普遍强调 FDI 的正面效应不同,我们必须重新认识外商直接投资在中国地区经济增长中的具体角色。特别要认识到,不同地区吸引的外商直接投资的类型不一样,因此会可能导致 FDI 的总效应为负,也可能为正。各地在引进外资过程中需要从政策层面进行引导,而不是一味地强调引进 FDI 的规模,不要让外资成为外国企业独享的盛宴、掠夺国内市场的市场掠夺者。要从根本上认识到,只有引进高质量的外商直接投资、与本地区的技术和产业相适应的外商直接投资才会让外资起到引领并带动国内企业提升竞争力,进而促进地区经济发展的正面作用。从较长一段时期来看,外资仍然会成为推动中国地区经济增长的重要力量,在中国大部分地区已经不存在"资金缺口"的情况下,要更加注重引进推动技术升级和产业升级的作用。必须进一步规范引进外资的程序,通过财政、税收、土地等政策改革,实现内外资同等待遇,特别是对民营企业实现更加公平待遇。通过改变以往 FDI 低成本进入我国的现状,引导技术更强、规模更大的外资项目进入我国,形成外资对本地企业更大的关联和拉动效应。对于东部发达地区来说,要通过政策组合引导高新技术与服务行业 FDI 的进入,通过引进高质量外资推动东部地区产业的转型升级。

(2)着力改变中国存在的普遍性的制度约束,特别是中西部地区,制度约束已经成为制约地方经济发展的瓶颈。从某种程度上讲,制度因素比其他因素更为重要,良好的制度环境可以大大减少交易成本,增强国内各经济部门尤其是非国有经济部门的市场竞争力促进经济增长。因此,破除金融资源配置的政治主从次序,消除对非国有经济部门的制度性歧视,完善金融中介,减少政府干预。逐步打破市场分割,建立一体化的国内大市场,营造公平竞争环境,为国内企业的发展创造良好的市场条件。打破 GDP 至上的政府考核体系并完善财政分权制，为国内企业尤其是民营经济部门的发展提供良好的社会环境。完善现有产权与法律制度，切实加强对民营经济部门的政治与法律保护。

　　具体地，改善地区制度质量重点要从推进我国金融体系改革和提高人力资源质量、水平两方面入手。首先，要继续推进我国金融体系改革，大力发展中小型金融机构，降低国有银行在整个金融体系中所占份额，建立能更好地为非国有经济部门提供融资支持的现代银行体系，大力发展资本市场，拓宽非国有企业融资渠道。通过进一步提高各地区金融市场（配置）效率，消除国内企业（特别是民营企业）的融资约束、降低企业融资成本，使国内企业能够有资源并有能力将 FDI 所带来先进的知识和技术转换为生产力，扩大 FDI 的增长效应。其次，要提高各地区的人力资源质量和水平，突破 FDI 溢出效应吸收所需的人力资本门槛。在加大对正规学历教育投入的同时，加大对在职职工的培训投资（尤其是在中西部地区），促进技能人力资本的积累，提升地区对 FDI 知识和技术的吸收能力。通过进一步加大教育与培训投入，推进东部地区人力资本结构的升级与人力资本整体水平的提升，以更好地适应新时期对东部地区更大规模、更高层次 FDI 的吸收和利用。

　　（3）同时推进国内市场化改革，更好地实现对内改革和对外开放的互动与融合，不断开创对内改革和对外开放的新局面。我们的实证结果表明了制度环境对外资增长效应的重要性，要推动国内以市场化为基调的金融、财政、税收等一系列改革，提高各地区的资源配置效率。这不仅可以更好地发挥我们所引进的外资的经济绩效，也可以更好地培养各地区本土企业的自生能力，从而真正实现外资企业与本土企业良性互动发展。

　　另外，要提高中国各地区（尤其是中西部地区）开放广度和深度、提高开放层次，以开放促改革，加快内陆地区市场化改革步伐。具体在引进外资政策上，要摒弃将引进外资作为地方官员政绩的考核机制与考核体系。长期以来，引进外资数量是官员考核体系中的重要指标之一，促使各级政府层层分配引资指标，形成了地方各级政府之间的无序、恶性竞争。层层摊派引资任务促使基层地方政府为了提高 FDI 数量甚至开始"买外资"①，即通过利用中介机构将内资假扮外资，实现"空转外资"。"购买外资"给基层政府财政带来巨大债务压力，很显然这类外资必然会对地方经济增长产生巨大的负面影响（王文剑等，2007）。必须彻底改革将 FDI 规模作为官员政绩的考核体系，逐步放弃 FDI 规模这个考核指标，避免地方政府为了增加辖区内的外资数量导致恶性竞争，引进虚假的外资和低质量外资，损害地区经济增长。

地区之间要通过市场化取向的制度改革创建良好的营商环境，来吸引更多与本地联系密切的外资，而不是简单地通过免税和廉价土地等优惠手段来获取外资。总之，地区之间通过更高层次、更广泛领域的对外开放，既可以实现引进外资直接投资规模的不断扩大，同时又可以加强本地企业的竞争力，真正实现高质量的持续增长。

（4）注重从产业与行业层面，发挥 FDI 推动地区经济增长的作用。本书的研究表明，FDI 对地区产业结构省级调整和产业增长效应会因为地区间的制度质量不同而表现出较大的异质性。中国经济发展的一个重要特点就是地区之间差异很大，不同地区的制度环境不同、产业与行业发展程度、产业结构都存在显著的差异。因此，引进外资的过程中需要注意不同地区、不同行业的发展水平、发展规模。既不能盲目无序地引进虚假、低质量外资，也不能一味地追求高科技、高知识密集型的外资，而是要根据本地区不同行业的规模、技术密集度、人力资本存量等情况引进不同类型、不同规模的具有较好本地适应性的外资。从产业结构升级调整来看，要突出利用外资促进地区产业结构升级方面的作用。目前，中西部地区要偏向利用外商直接投资推动第二产业内部的升级调整，特别是制造业的升级改造；而对于东部发达地区来说，则更应注重通过引进更高知识密集型和更多服务行业的外商直接投资促进第二产业的高端化进程、提升第三产业的发展水平和发展质量。

（5）继续扩大开放、吸引外资，同时注重提升外资企业前后向关联、提高引资质量。整体来看，FDI 有助于产业结构向更好的方向调整，积极合理有效地

① 王培霖. 揭秘地方政府"买外资"产业链［N］. 第一财经日报，http：//www.yicai.com/news/2013/08/2971629.html，2013－08－29.

引入外资，有助于促进国内经济增长方式转变与产业结构持续升级。因此，当前及今后的外资政策不应否认和限制外资流入，而应更加积极地引导外资参与中国的经济建设。国家"十二五"规划明确指出，要引导外资更多地投向现代农业、高新技术、先进制造业、节能环保、新能源以及现代服务业等领域，并鼓励外资更多地投向中西部地区，这为今后的引资道路指明了方向。具体而言，在引资过程中要注重提升外资企业的前后项关联，才能通过建立累积因果循环机制，有效提高外资的溢出效益；发挥外资的资本供给效应和溢出效应。加强引进 FDI 的产业引导、区域引导力度，优化引资结构，使之与我国产业结构优化、区域经济协调发展相匹配。从产业来看，我国第二产业过度依赖外资，第一、第三产业外资进入不够，因此，要通过政策引导外资更多地进入第一、第三产业，降低工业中 FDI 比重。首先，要逐步放开第三产业的外资准入条件，吸引外资进入目前外资比重很低的金融、教育、社会服务、科研等现代服务业。其次，引导外资更多地投向第一产业特别是现代农业，借助外资的技术、知识溢出改变我国第一次产业长期生产率较低的局面，提升第一产业总体发展水平。从区域来看，东部地区 FDI 比重已经较高，而中西部地区则外资进入不足。要引导外资更多地进入中西部，促进中西部地区产业升级、经济增长。

7.3　本书的局限与研究展望

已有众多 FDI 与经济增长的文献较少考虑到东道国的制度环境对 FDI 增长效应的影响，因而难以避免地得到不同甚至是相互冲突的结论。本书从制度环境入手，研究了制度对 FDI 经济绩效的影响，发现 FDI 对产业结构调整和产业增长效应受到地区制度环境的影响，得到了一些较为新颖和有趣的结论。制度和 FDI 作为推动经济增长的重要因素，长期以来成为经济学研究的重点和热点问题。我们的研究只是做了一个初步的尝试，仍有许多有待于进一步深入和改进的地方：

（1）本书对制度环境与 FDI 的关系以及制度如何影响 FDI 经济绩效的作用机制进行的研究，主要是从相对宏观的角度进行考察的。在微观机制方面的考察较少，而更加微观的机制对于理解 FDI 的经济效应更加重要，并且有可能会得出更加丰富和细致的结论，也有利于拓展和丰富现有的理论文献。关于制度对 FDI 与产业发展的影响机制探讨主要还是基于逻辑演绎来进行的，下一步如果能将其模型化，以更加形式化的方式演绎出来将会使得整个理论机制更加完善。

（2）制度对 FDI 的进入模式、类型、特征产生影响，而不同类型的 FDI 又会产生不同的经济效应（郭熙保、罗知，2008）。相应地，我们可以思考 FDI 的进入模式和更加具体的 FDI 类型具有怎样不同的经济绩效，进一步在加入制度变量的条件下可以做更加具体的考察。当然，这一类的研究有待于统计数据更加细化，以及更加巧妙地挖掘和利用现有数据采用合理的实证策略对问题加以识别和验证。

（3）从实证的角度来看，本书的考察主要基于中国省级面板数据的研究，而更多、更细致的制度与 FDI 经济效应的研究或许可以在行业层面与行业内部，甚至企业层面的数据来展开。放眼未来，外商直接投资仍然将是推动中国地区和行业增长的一支主要力量，如果从更加微观的视角对制度与外资推动中国产业（行业）增长进行研究，将为更好地引进和利用外资提供理论和实证上的支撑。

（4）本书主要考察转轨制度环境对中国 FDI 流入特征及 FDI 经济绩效的影响。事实上，不仅制度环境对 FDI 产生影响，FDI 同样也会对制度环境产生影响并因此通过制度机制对国内经济增长产生深刻影响。这方面的研究将是本书今后持续关注的重点。

参考文献

［1］薄文广. 外部性与产业增长——来自中国省级面板数据的研究［J］. 中国工业经济, 2007（1）: 37–44.

［2］陈继勇, 盛杨怿. 外国直接投资与我国产业结构调整的实证研究——基于资本供给和知识溢出的视角［J］. 国际贸易问题, 2009（1）: 94–100.

［3］陈晓涛. 产业结构软化的演进分析［J］. 科学学与科学技术管理, 2006（1）: 145–147.

［4］程惠芳. 国际直接投资与开放型内生经济增长［J］. 经济研究, 2002（5）.

［5］程培堽, 周应恒, 殷志扬. FDI 对国内投资的挤出（入）效应：产业组织视角［J］. 经济学（季刊）, 2009, 8（4）.

［6］陈明森. 外资流入陷阱产业效应与政府引资行为扭曲［J］. 东南学术, 2003（5）: 79–88.

［7］丁辉侠, 冯宗宪. 制度作为区位优势对中国吸引外商直接投资的影响——以引力模型为基础的实证分析［J］. 经济经纬, 2007（2）: 64–67.

［8］代谦, 别朝霞. FDI、人力资本积累与经济增长［J］. 经济研究, 2006（4）.

［9］方颖, 赵扬. 寻找制度的工具变量：估计产权保护对中国经济增长的贡献［J］. 经济研究, 2011（5）: 138–148.

［10］方甲. 产业结构问题研究［M］. 北京：中国人民大学出版社, 1997.

［11］傅元海, 史言信. 制度政策与外商直接投资质量——基于中国 1985~2007 年数据的计量检验［J］. 经济经纬, 2011（6）: 67–71.

［12］傅元海. 税收优惠政策对 FDI 质量影响的实证分析［J］. 税务研究,

2007（7）：32 –36.

[13] 傅元海，谭伟生．我国利用 FDI 质量的实证研究——基于 FDI 企业出口外部性的视角 [J]．当代财经，2009（2）：88 –94.

[14] 傅元海，彭民安．中国利用 FDI 质量的评价标准研究 [J]．求索，2007（11）：20 –23.

[15] 傅强，周克红．利用外资与我国产业结构调整的相关分析与实证检验 [J]．世界经济研究，2005（8）：64 –72.

[16] 樊纲，王小鲁，朱恒鹏．中国市场化指数：各地区市场化相对进程2011 年报告 [M]．北京：经济科学出版社，2011.

[17] 樊纲，王小鲁，马光荣．中国市场化进程对经济增长的贡献 [J]．经济研究，2011（9）：4 –16.

[18] 郭克莎．外商直接投资对我国产业结构的影响研究 [J]．管理世界，2000（2）：34 –45.

[19] 郭熙保，罗知．外资特征对中国经济增长的影响 [J]．经济研究，2009（5）：52 –65.

[20] 顾永红，胡汉辉．外商直接投资激励对产业升级影响的分析 [J]．世界经济研究，2007（10）：59 –63.

[21] 何洁．外国直接投资对中国工业部门外溢效应的进一步精确量化 [J]．世界经济，2000（12）：29 –36.

[22] 何洁，许罗丹．中国工业部门引进外国直接投资外溢效应的实证研究 [J]．世界经济文汇，1999（2）：16 –21.

[23] 黄亚生．改革时期的外国直接投资 [M]．北京：新星出版社，2005.

[24] 黄玖立，冼国明．FDI、融资依赖与产业增长：中国省区的证据 [J]．世界经济文汇，2009（3）：60 –74.

[25] 黄玖立，黄俊立．市场规模与中国省区的产业增长 [J]．经济学（季刊），2008，7（4）：1317 –1333.

[26] 黄玖立，冼国明．人力资本与中国省区的产业增长 [J]．世界经济，2009（5）：27 –40.

[27] 胡乃武，王春雨．加入 WTO 与我国产业结构调整 [J]．中国人民大

学学报, 2002 (3): 54 - 59.

[28] 贺菊煌. 产业结构变动的因素分析 [J]. 数量经济技术经济研究, 1991 (10): 29 - 35.

[29] 胡立法. 中国金融体制缺陷与 FDI 需求偏好 [J]. 财贸研究, 2008 (5): 72 - 76.

[30] 江锦凡. 外国直接投资在中国经济增长中的作用机制 [J]. 世界经济, 2004 (1): 3 - 10.

[31] 江小涓. 跨国投资、市场结构与外商投资企业的竞争行为 [J]. 经济研究, 2002 (9): 31 - 38.

[32] 江小涓. 利用外资对产业发展的促进作用——以发展中国家为背景的理论分析 [J]. 中国工业经济, 1999 (2): 10 - 14.

[33] 江小涓. 中国的外资经济对增长、结构升级和竞争力的贡献 [J]. 中国社会科学, 2002 (6): 4 - 14.

[34] 姜彦福, 林盛, 张卫. 我国产业结构及其变动因素分析 [J]. 清华大学学报 (哲学社会科学版), 1998 (3): 45 - 49.

[35] 蒋殿春, 张宇. 经济转型与外商直接投资技术溢出效应 [J]. 经济研究, 2008 (7): 26 - 38.

[36] 鲁明泓. 制度因素与国际直接投资区位分布: 一项实证研究 [J]. 经济研究, 1999 (7): 57 - 66.

[37] 李善民, 李昶. 跨国并购还是绿地投资?——FDI 进入模式选择的影响因素研究 [D]. 经济研究工作论文, 2013.

[38] 林毅夫, 孙希芳. 银行业结构与经济增长 [J]. 经济研究, 2008 (9): 31 - 45.

[39] 路江涌. 外商直接投资对内资企业效率的影响和渠道 [J]. 经济研究, 2008 (6): 95 - 106.

[40] 罗长远, 陈琳. FDI 是否能够缓解中国企业的融资约束 [J]. 世界经济, 2011 (4): 42 - 61.

[41] 卢阳春, 吴凡. FDI 对中国产业结构演进的优化——基于 1978~2008 年的经验和数据实证 [J]. 经济体制改革, 2009 (3): 22 - 29.

[42] 卢荻. 外商投资与中国经济发展——产业和区域分析证据 [J]. 经济研究, 2003 (9): 40-48.

[43] 刘宇. 外商直接投资对我国产业结构影响的实证分析——基于面板数据模型的研究 [J]. 南开经济研究, 2007 (1): 125-134.

[44] 刘亚娟. 外国直接投资与我国产业结构演进的实证分析 [J]. 财贸经济, 2006 (5): 50-56.

[45] 陆长平, 聂爱云. 制度环境 FDI 与产业结构调整——基于 ESCP 框架的分析 [J]. 江西财经大学学报, 2012 (4): 5-12.

[46] [美] 迈克尔·波特. 国家竞争优势 [M]. 北京: 华夏出版社, 2002.

[47] 聂爱云, 陆长平. 制度约束、外商投资与产业结构升级调整——基于省际面板数据的实证研究 [J]. 国际贸易问题, 2012 (2): 136-145.

[48] 诺斯. 制度、制度变迁与经济绩效 [M]. 上海: 上海三联书店, 1994.

[49] 裴长洪. 吸收外商直接投资与产业结构优化升级——"十一五"时期利用外资政策目标的思考 [J]. 中国工业经济, 2006 (1): 33-39.

[50] 潘镇. 制度距离与外商直接投资——一项基于中国的经验研究 [J]. 财贸经济, 2006 (6): 44-49.

[51] 钱学锋. 国际贸易与产业集聚互动机制研究 [M]. 上海: 格致出版社, 2010.

[52] 钱学锋, 梁琦. FDI、集聚与东道国利益: 一个空间经济学的分析框架 [J]. 经济理论与经济管理, 2007 (8): 12-18.

[53] 宋京. 外国直接投资对中国产业结构升级的影响——对外贸易视角的分析 [J]. 国际贸易问题, 2005 (4): 82-86.

[54] 宋泓. 引进外资与中国企业和产业的发展对"外商对华直接投资的现状与发展"的一个回应 [J]. 国际经济评论, 2005 (1-2): 19-21.

[55] 桑百川. 利用外资与本土产业发展 [J]. 国际贸易, 2009 (9): 20-23.

[56] 盛丹, 王永进. 契约执行效率能够影响 FDI 的区位分布吗? [J]. 经

济学（季刊），2010，9（4）：1239－1260.

[57] 邵军，徐康宁．制度质量、外资进入与增长效应：一个跨国的经验研究 [J]．世界经济，2008（7）：3－14.

[58] 沈坤荣，耿强．外国直接投资、技术外溢与内生经济增长——中国资料的计量检验与实验分析 [J]．中国社会科学，2001（5）.

[59] 孙力军．金融发展、FDI 与经济增长 [J]．数量经济技术经济研究，2008（1）.

[60] 史忠良．新编产业经济学 [M]．北京：中国社会科学出版社，2007.

[61] 苏东水．产业经济学 [M]．北京：高等教育出版社，2000.

[62] 王洛林，江小涓，卢圣亮．大型跨国公司投资对中国产业结构、技术进步和经济国际化的影响 [J]．中国工业经济，2000（4）：5－12.

[63] 文东伟，冼国明，马静．FDI、产业结构变迁与中国的出口竞争力 [J]．管理世界，2009（4）：96－107.

[64] [美] W. W. 罗斯托．经济成长的阶段 [M]．北京：商务印书馆，1962.

[65] 吴三忙，李善同．专业化、多样化与产业增长关系——基于中国省级制造业面板数据的实证研究 [J]．数量经济技术经济研究，2011（8）：21－34.

[66] 王文剑，仉建涛，覃成林．财政分权、地方政府竞争与 FDI 的增长效应 [J]．管理世界，2007（3）.

[67] 王永齐．FDI 溢出、金融市场与经济增长 [J]．数量经济技术经济研究，2006（1）：59－68.

[68] 王鹏．投资者保护、代理成本与公司绩效 [J]．经济研究，2008（2）：68－82.

[69] 冼国明，文东伟．竞争、生产率外溢与东道国的产业发展 [J]．南开经济研究，2006（4）：4－21.

[70] 冼国明，孙江永．外商直接投资的挤入、挤出效应——基于外资不同来源地和中国地区差异的视角 [J]．世界经济研究，2009（8）：42－49.

[71] 许培源．外商在华投资的技术溢出效应：制度约束的视角 [J]．宏观经济研究，2010（3）：59－65.

[72] 邢斐，张建华. 外商技术转移对我国自主研发的影响 [J]. 经济研究，2009（6）：94–104.

[73] 夏立军，方轶强. 政府控制、治理环境与公司价值——来自中国证券市场的经验证据 [J]. 经济研究，2005（5）：40–51.

[74] 杨治. 产业经济学导论 [M]. 北京：中国人民大学出版社，1985.

[75] 姚洋. 非国有经济成分对我国工业企业技术效率的影响 [J]. 经济研究，1998（12）：29–35.

[76] 于良春，余东华. 中国地区性行政垄断程度的测度研究 [J]. 经济研究，2009（2）：119–131.

[77] 张军，郭为. 外商为什么不以订单而以 FDI 的方式进入中国 [J]. 财贸经济，2004（1）：33–38.

[78] 张建华，欧阳轶雯. 外商直接投资、技术外溢与经济增长——对广东数据的实证分析 [J]. 经济学（季刊），2003，2（3）：647–666.

[79] 张杰，李克，刘志彪. 市场化转型与企业生产效率——中国的经验研究 [J]. 经济学（季刊），2011（2）：571–602.

[80] 张海洋. R&D 两面性、外资活动与中国工业生产率增长 [J]. 经济研究，2005（5）：107–117.

[81] 张宇. 制度约束、外资依赖与 FDI 的技术溢出 [J]. 管理世界，2009（9）：14–23.

[82] 张宇. 制度约束、外资依赖与 FDI 的技术溢出——基于中国省际工业数据的考察 [J]. 南方经济，2010（12）：17–31.

[83] 张宇. 制度约束、外资依赖与中国经济增长——空间经济学视角下的再审视 [M]. 北京：中国经济出版社，2009.

[84] 张宇. FDI 技术外溢的地区差异与吸收能力的门限特征——基于中国省际面板数据的门限回归分析 [J]. 数量经济技术经济研究，2008（1）：28–39.

[85] 赵红，张茜. 外商直接投资对中国产业结构影响的实证研究 [J]. 国际贸易问题，2006（8）：82–86.

[86] 郑澎. 论外商直接投资对我国产业结构的正负效应 [J]. 现代经济，

2009（1）：23 - 30.

［87］周新生．产业兴衰论［M］．西安：西北大学出版社，2000.

［88］朱明春．产业结构·机制·政策［M］．北京：中国人民大学出版社，1990.

［89］赵奇伟．东道国制度安排、市场分割与 FDI 溢出效应：来自中国的证据［J］．经济学（季刊），2009，8（3）：891 - 924.

［90］朱彤等，漆鑫，张亮．金融扭曲导致 FDI 大量流入我国吗？——来自我国省级面板数据的证据［J］．南开经济研究，2010（4）：33 - 47.

［91］郑志刚，邓贺斐．法律环境差异和区域金融发展——金融发展决定因素基于我国省级面板数据的考察［J］．管理世界，2010（6）：14 - 27.

［92］周黎安．中国地方官员的晋升锦标赛模式研究［J］．经济研究，2007（7）．

［93］周申，张亮，漆鑫．地区金融扭曲差异对外资进入的影响［J］．财经科学，2011（12）：17 - 27.

［94］世界银行东亚与太平洋地区减贫与经济管理局．中国利用外资的前景和战略［M］．北京：中信出版社，2007.

［95］张晏．财政分权、FDI 竞争与地方政府行为［J］．世界经济文汇，2007（2）：22 - 36.

［96］Acemoglu, D., Johnson S., Robinson, J. Institutions as the Fundamental Cause of Long - Run Growth［M］. Handbook of Economic Growth, Elsvier, 2004.

［97］Acemoglu, D., Johnson S., Robinson, J. The Colonial Origins of Comparative Development: An Empirical Investigation［J］. American Economic Review, 2001（91）：1369 - 1401.

［98］Agnès Bénassy - Quéré, Maylis Coupet, Thierry Mayer. Institutional Determinants of Foreign Direct Investment［J］. The World Economy, 2007：764 - 782.

［99］Alan Bevan, Saul Estrin, Klaus Meyer. Foreign investment location and institutional development in transition economies［J］. International Business Review, 2004（13）：43 - 64.

［100］Alfaro, L., A. Chanda, S. Kalemli – Ozcan, S. Sayek. FDI and economic growth: The role of local financial markets ［J］. Journal of International Economics, 2004, 64 (1): 89 – 112.

［101］Alfaro, L. Foreign direct investment and growth: Does the sector matter ［J］. Working Paper, Harvard Business School, 2003.

［102］Alfaro, Laura, et al. FDI and Economic Growth: The Role of Local Financial Market ［J］. Journal of International Economics, 2004 (64): 89 – 112.

［103］Aitken, B. J., Harrison, A. E. Do domestic firms benefit from direct foreign investment? evidence from Venezuela ［J］. American Economic Review, 1999, 89 (3): 605 – 618.

［104］Amiti, Mary, Beata Smarzynska Javorcki. Trade costs and location of foreign firms in China ［J］. IMF Working Paper, 2005.

［105］Arellano, M., S. Bond. Some Tests of Specification of Panel Data: Monte Carlo Evidence and an Application to Employment Equation ［J］. Review of Economic Study, 1991 (58): 277 – 297.

［106］Arellano, M., O. Bover. Another Look at the Instrumental Variables Estimation of Error Components Model ［J］. Journal of Econometrics, 1995 (68): 29 – 51.

［107］Aykut, D., S. Sayek. The Role of the sectoral composition of foreign direct investment on growth in do multinationals feed local development and growth ［M］. London: L. Piscitello and G. Santangelo eds. Elsevier, 2007: 35 – 62.

［108］Basi, R. S. Determinants of United States private direct investment in foreign countries ［J］. Kent State University, 1963.

［109］Bai, et al. Local protectionism and regional specialization: Evidence from China's in – dustries ［J］. Journal of International Economics, 2004 (63): 397 – 417.

［110］Balasubramanyam, et al. Foreign Direct Investment and Growth in EP and IS Countries ［J］. Economic Journal, 1996 (106): 92 – 105.

［111］Barrio, et al. Foreign Direct Investment, Competition and Industrial Development in the Host Country ［J］. European Economic Review, 2005 (49):

1761 – 1784.

[112] Baumol, W. J. Entrepreneurship: Productive, unproductive, and destructive [J]. Journal of Political Economy, 1990, 98 (5): 893 – 921.

[113] Beata Smarzynska Javorcik. Does Foreign Direct Investment Increase the Productivity of Domestic Firms? In Search of Spillovers through Backward Linkages [J]. The American Economic Review, 2004, 94 (3): 605 – 627.

[114] Bénassy – Quéré, A., Coupet, M., Mayer, T. Institutional Determinants of Foreign Direct Investment [J]. The World Economy, 2007, 30 (5): 764 – 782.

[115] Blomstrom, M., Persson, H. Foreign investment and spillover efficiency in an underdeveloped economy: Evidence from the Mexican manufacturing industry [J]. World Development, 1983, 11 (6): 493 – 501.

[116] Blomstrom, M. Foreign investment and productive efficiency: The case of Mexico [J]. Journal of Industrial Economics, 1986, 35 (1): 97 – 112.

[117] Blomstrom, M., Wolff, E. N. Multinational corporations and productive convergence in Mexico, Convergence of Productivity: Cross National Studies and Historical Evidence [M]. Oxford : Oxford University Press, 1994: 263 – 283.

[118] Blomström, M., R. E. Lipsey, M. Zejan. Is fixed investment the key to economic growth? [J]. The Quarterly Journal of Economics, 1996, 111 (1): 269 – 276.

[119] Blundell, R., S. Bond. Initial Condition and Moment Restrictions in Dynamic Panel Data Models [J]. Journal of Econometrics, 1998 (87): 111 – 143.

[120] Borensztein, E., J. De Gregorio, J. W. Lee. How does foreign direct investment affect economic growth? [J]. Journal of International Economics, 1998, 45 (1): 115 – 135.

[121] Borrmann, et al. Institutional Quality and the Gains from Trade [J]. KYKLOS, 2006, 59 (3): 345 – 368.

[122] Brindusa Anghel. Do Institutions Affect Foreign Direct Investment [J]. Working Paper: October, 2005.

[123] Buckley, P. J., Clegg, J., Wang, C. The Impact of inward FDI on the

performance of Chinese manufacturing firms ［J］. Journal of International Business Studies, 2002, 33 (4): 637 – 655.

［124］ Busse, M. , Hefeker, C. Political risk, Institution and Foreign Direct Investment ［J］. European Journal of Political Economy, 2007 (23) : 397 – 415.

［125］ Camilla, J. Foreign Direct Investment, Industrial Restructuring and the Upgrading of Polish Exports ［J］. Applied Economics, 2002 (34): 207 – 217.

［126］ Campos, N. F. , Y. Kinoshita. Why does FDI go where it goes? New evidence from the transitional economies. IMF Working Paper, No. 03/228. International Monetary Fund: Washington, D. C. , 2003.

［127］ Carkovic, M. , R. Levine. Does Foreign Investment Accelerate Economic Growth ［J］. University of Minn – esota Working Paper, 2002.

［128］ Caves, R. E. Multinational firms, Competition and Productivity in Host – Country Markets ［J］. Economica, 1974 (41): 176 – 193.

［129］ Cheng, L. K. , Y. K. Kwan. What Are the Determinants of the Location of Foreign Direct Investment? The Chinese Experience ［J］. Journal of International Economics, 2000, 51 (2): 379 – 400.

［130］ Chen, G. , Firth, M. , Xu, L. Does the type of ownership control matter? Evidence from China's listed companies? ［J］. Journal of Banking and Finance, 2009, 33 (1): 171 – 181.

［131］ Crespo Nuno, Fontoura Maria Paula. Determinant Factors of FDI Spillovers – What Do We Really Know? ［J］. World Development, 2007, 35 (3): 410 – 425.

［132］ Cantwell, J. , Dunning, J. H. , Lundan, S. M. An evolutionary approach to understanding international business activity: The co – evolution of MNEs and the institutional environment ［J］. International Business Studies, 2010, 41 (4): 567 – 586.

［133］ Catin, M. , Luo, X. B. , Huffel, C. Openness, industrialization and geographic concentration of activities in China ［J］. World Bank Policy Research Working Paper, 3706, September, 2005.

［134］ Danny T. Wang, et al. When does FDI matter? The roles of local institutions and ethnic origins of FDI [J] . International Business Review, 2013 (22): 450 – 465.

[135] Davies, H. , Walters, P. Emergent patterns of strategy, environment and performance in a transition economy [J] . Strategic Management, 2004, 25 (4): 347 – 364.

[136] Darby, J. , Desbordes, R. , Wooton, I. Does Public Governance always Matter? How Experience of Poor Institutional Quality Influences FDI to the South [J] . CESifo Working Paper, 2010, 3290 – 3301.

[137] Dollar, David, Kraay, Aart . Institutions, Trade, and Growth [J] . Journal of Monetary Economics, 2003, 50 (1): 133 – 162 .

[138] Dunning, J. H. Location and the multinational enterprise: A neglected factor? [J] . Journal of International Business Studies, 1998, 19 (1): 45 – 66.

[139] Durham, J. B. Absorptive capacity and the effects of foreign direct investment and equity foreign portfolio investment on economic growth [J] . European Economic Review, 2004, 48 (2): 285 – 306.

[140] Dutt, A. K. The pattern of direct foreign investment and economic growth [J] . World Development, 1997, 25 (11): 1925 – 1936.

[141] Gao, G. Y. , Murray, J. Y. , Kotabe, M. , Lu, J. A "strategytripod" perspective on export behaviors: Evidence from firms based in an emerging economy [J] . International Business Studies, 2010, 41 (3): 377 – 396.

[142] Haddad, M. , Harrison, A. Are there positive spillovers from direct foreign investment? Evidence from panel data for Morocco [J] . Journal of Development Economics, 1993, 42 (1): 51 – 74.

[143] Hoskisson, R. E. , Eden, L. , Lau, C. M. , Wright, M. Strategy in emerging economies [J] . Academy of Management, 2000, 43 (3): 249 – 267.

[144] IMF. World economic outlook: Growth and institutions [M] . International Monetary Fund: Washington, D. C. , 2003.

[145] Jeffrey M. Wooldridge. Econometric analysis of cross section and panel data [M] . Cambridge, MA ; London: MIT Press, 2010: 352 – 356.

［146］Joseph P. H. , et al. Institutions and Foreign Direct Investment: China Versus the Rest of the World ［J］. World Development, 2009, 37 （4）: 852 – 865.

［147］Javorcik, B. The composition of foreign direct investment and protection of intellectual property rights: Evidence from transition economies ［J］. European Economic Review, 2004 （48）: 39 – 62.

［148］Julan, Du, YiLu, ZhigangTao. Economic institutions and FDI location choice: Evidence from US multinationals in China ［J］. Journal of Comparative Economics, 2008 （36）: 412 – 429.

［149］Julan Du, Yilu, Zhigang Tao. FDI Location Choice: Agglomeration Vs Institutions ［J］. International Journal of Finace and Ecomomics, 2008 （13） : 92 – 107.

［150］Keller, Wolfgang. Absorptive Capacity: On the Creation and Acquisition of Technology in Development ［J］. Journal of Development Economics, 1996 （49）: 199 – 227.

［151］Kumar, N. Globalization and the Quality of Foreign Direct Investment ［M］. New Delhi : Oxford University Press, 2002 : 169.

［152］Kokko, A. , R. Tansint, M. C. Zejan. Local Technological Capability and Productivity Spillovers form FDI in the Uruguayan Manufacturing Sector ［J］. Journal of Development Studies, 1996 （32）: 602 – 611.

［153］Kokko, A. Productivity spillovers from competition between local firms and foreign affiliates ［J］. Journal of International Development, 1996, 8 （4）: 517 – 530.

［154］Laura Alfro, Andres Rodriguez – Clare: Multinationals and Linkages: An Empirical Investigation ［J］. Ecomoia, Spring 2004: 113 – 168.

［155］Laura Alfaro, Andrew Charlton. Growth and the Quality of FDI: Is all FDI equal? ［J］. The IMF New Perspectives on Financial Globalization Conference, April 2007.

［156］Laura Alfaro, Sebnem Kalemli – Ozcan. Selin Sayek: FDI, Productivity and Financial Development ［J］. The World Economy, 2009: 111 – 135.

[157] Li, X. , Liu, X. , Parker, D. Foreign direct investment and productivity spillovers in the Chinese manufacturing sector [J] . Economic Systems, 2001, 25 (4): 305 – 321.

[158] Li, K. , Griffin, D. , Yue, H. , Zhao, L. National culture and capital structure decisions: Evidence from foreign joint ventures in China [J] . International Business Studies, 2011 (42): 477 – 503.

[159] Li, K. , Yue, H. , Zhao, L. Ownership, Institutions and Capital Structure: Evidence from Chinese Firms [J] . University of British Columbia Working Paper, 2006.

[160] Lim, Ewe – Ghee. Determinants of and the Relation between Foreign Direct Investment and Growth: A Summary of the Recent Literature [N] . IMF Working Paper, 2001, WP/01/175.

[161] Lipsey, R. E. Foreign direct investment, growth, and competitiveness in developing countries. in the global competitiveness report. P. Corneliused [J] . New York: Oxford University Press, 2003: 295 – 305.

[162] Liu, X. , et al. The impact of foreign direct investment on labour productivity in the Chinese electronics industry [J] . International Business Review, 2001, 10 (4): 421 – 439.

[163] Liu, Z. Foreign direct investment and technology spillover: Evidence from China [J] . Journal of Comparative Economics, 2002, 30 (3): 579 – 602.

[164] Lucas. On the Mechanics of Economic Development [J] . Journal of Monetary Economics, 1988 (22) .

[165] Mauro, P. Corruption and growth [J] . The Quarterly Journal of Economics, 1995, 110 (3): 681 – 712.

[166] MiLin, Yum K. Kwan. Sectoral Location of FDI in China [J] . Working Paper: 2011.

[167] Nadine McCloud, Subal C. Kumbhakar. Institutions, foreign direct investment and growth: A hierarchical Bayesian approach [J] . Statist. Soc. A, 2012 (175): 83 – 105.

［168］ Narula, R. , Dunning, John H. Industrial development, globalization and multinational enterprises: New realities for developing countries ［J］. Oxford Development Studies, 2000, 28 (2): 141 – 167.

［169］ Nunnenkamp, P. , Spatz, J. , Intellectual property rights and foreign direct investment: A disaggregated analysis ［J］. Review of World Economics, 2004, 140: 393 – 414.

［170］ Noorbakhsh, F. , Paloni, A. , Youssef, A. Human Capital and FDI Inflows to Developing Countries: New Empirical Evidence ［J］. World Development, 2001, 29 (9): 1593 – 1610.

［171］ North, D. C. , Robert P. T. The Rise of the Western World: A New Economic History ［M］. Cambridge: Cambridge University Press, 1973.

［172］ North, D. C. Structure and change in economic history ［M］. New York: W. W. Norton, 1981.

［173］ North, D. C. Institutions, institutional change, and economic performance ［M］. Cambridge: Cambridge University Press, 1990.

［174］ OECD. Foreign direct investment for development: Maximising benefits, minimising costs. Paris: Organization for Economic Co – operation and Development, 2002.

［175］ Olena Havrylchyk, Sandra Poncet. Foreign Direct Investment in China: Reward or Remedy? ［J］. The World Economy, 2007: 1662 – 1681.

［176］ Olofsdotter, K. Foreign direct investment, country capabilities and economic growth ［J］. Review of World Economics, 1998, 134 (3): 534 – 547.

［177］ Olson, M. The rise and decline of nations: Economic growth, stagflation, and social rigidities ［M］. New Haven: Yale University Press, 1982.

［178］ Peng, M. W. , Wang, D. Y. L. , Jiang, Y. An institution – based view of international business strategy: A focus on emerging economies ［J］. Internation Business Studies, 2008, 39 (5): 920 – 936.

［179］ Singer, H. W. The distribution of gains between investing and borrowing countries ［J］. The American Economic Review, 1950, 40 (2): 473 – 485.

［180］ Sun, Q. W Tong, Q. Yu. Determinants of Foreign Direct Investment across China ［J］. Journal of International Money and Finance, 2002 (21): 79 – 113.

［181］ Wei, S. J. How taxing is corruption on international investors? ［J］. Review of Economics and Statistics, 2000, 82 (1): 1 – 11.

［182］ Wei, S. J., A. Shleifer. Local corruption and global capital flows ［J］. Brookings Papers on Economic Activity, 2000: 303 – 354.

［183］ Weingast, B. R. The economic role of political institutions: Market – preserving federalism and economic development ［J］. Journal of Law, Economics, and Organization, 1995, 11 (1): 1 – 31.

［184］ Weingast, B. R. The political foundations of democracy and the rule of law. ［J］. The American Political Science Review, 1997, 91 (2): 245 – 263.

［185］ World Bank. Global development finance ［J］. The World Bank: Washington, D. C., 2001.

［186］ World Bank. World development report: Building institutions for markets ［M］. The World Bank: Washington, D. C., 2002.

［187］ World Bank. China Engaged: Integration with the Global Economy ［M］. World Bank: Washington, D. C., 1997.

［188］ W. N. W. Azman – Saini, Ahmad Zubaidi Baharumshah, Siong Hook Law: Foreign direct investment, economic freedom and economic growth: International evidence ［J］. Economic Modelling, 2010 (27): 1079 – 1089.

［189］ Xu, Bin. Multinational Enterprises, Technology Diffusion and Host Country Productivity Growth ［J］. Journal of Development Economics, 2000 (62): 477 – 493.

［190］ Young, Alwyn. The Razor's Edge: Distortions and Incremental Reform in the People's Republic of China ［J］. Quarterly Journal of Economics, 2000 (115): 1091 – 1135.

后 记

本书是在我博士论文的基础上修改而成的。

首先向我的导师陆长平教授表示深深的感谢！陆老师是一个治学严谨、性格宽容、正直且平易近人的学者。当初，他以宽厚之心为我敞开跨专业攻读经济学博士的大门，鼓励我在学术的道路上艰苦奋斗并给予我最无私的指导与帮助！期间，有幸领略了老师宽严兼具的学者风范。记得当初决定选择 FDI 这一领域进行研究时，老师并不十分赞同，但当了解到我一直在大量阅读这个领域的文献且颇感兴趣时，便鼓励我沿着这一目标一步一步踏踏实实做下去，并在整个博士论文的观点阐述、布局到最终写作上，给予了我悉心的指导和帮助。陆老师严格、严谨的治学态度和宽厚正直的处世态度是我始终学习的榜样！

在读博期间，江西财经大学经济学院为我提供了一个良好的学术研究氛围，我有幸得到诸多老师的教诲和帮助，在此一并表示感谢！特别要感谢陈富良教授，他在我求学的道路上提供了无私的帮助与指导！感谢王小平教授、廖卫东教授、张进铭教授、许统生教授等的教诲以及对我博士论文的建设性意见。此外，还要感谢经济学院的黄广萍老师、杨柳老师等的诸多关照与帮助。

感谢求学期间和我一起走过煎熬与困惑，收获喜悦与欣慰的张毓卿博士、李永安博士、戴丽华博士等同窗。感谢师兄陈大和博士、师姐张莛博士对我的关心与帮助！感谢同事姜晓川博士与彭升庭老师在我读博期间的尽心帮助与诸多鼓励。真诚而又温馨的同学情谊、师友情谊、同事情谊令人难忘！

感谢我的家人对我求学的理解与支持！感谢父母，他们始终如一的默默支持与鼓励，是我跨越人生每一个重要阶段的坚实动力；感谢我的哥哥姐姐让我饱受大家庭的温暖。特别要感谢我的丈夫何小钢博士，是他指引我进入经济学的大门，并且多年来一直以执着的求学精神深深感染和激励我，让我坚定走下去。感谢我的儿子米乐，他让我在艰难的读博生涯中感受到生活的点点温馨与快乐。此外，我还要感谢自己的坚强与努力，读博的生活是一种历练，充实但也艰辛，欣慰的是自己能够始终坚强面对。

最后，还要感谢经济管理出版社张巧梅老师对本书出版的辛苦付出！感谢我的工作单位江西师范大学政法学院对此次出版的大力资助！感谢同事罗永梅，此时的我正在英国进行访学，出版的许多事宜全部委托她来办理。

诚然，书中还有许多需要完善的地方，不成熟之处，欢迎大家批评指正！

聂爱云

2018 年 6 月 3 日 于英国 Essex 郡